Kompetent im Unterricht der Grundschule

hrsg. von Astrid Kaiser und Susanne Miller

Band 1

Deutschunterricht

Von

Horst Bartnitzky

Schneider Verlag Hohengehren GmbH

Umschlag: Gabriele Majer, Aichwald

Fotonachweis:
Alle Fotos in diesem Buch wurden in der Regenbogenschule Meerfeld (Moers) von Bert Butzke und Ulrich Hecker aufgenommen.

Gedruckt auf umweltfreundlichem Papier (chlor- und säurefrei hergestellt).

Bibliografische Information der Deutschen Nationalbibliothek

Die Deutsche Nationalbibliothek verzeichnet diese Publikation in der Deutschen Nationalbibliografie; detaillierte bibliografische Daten sind im Internet über ›http://dnb.d-nb.de‹ abrufbar.

ISBN: 978-3-8340-0595-3 – **8. unveränderte Auflage**
Schneider Verlag Hohengehren, D-73666 Baltmannsweiler
Homepage: www.paedagogik.de

Das Werk und seine Teile sind urheberrechtlich geschützt. Jede Verwertung in anderen als den gesetzlich zugelassenen Fällen bedarf der vorherigen schriftlichen Einwilligung des Verlages. Hinweis zu § 52a UrhG: Weder das Werk noch seine Teile dürfen ohne vorherige schriftliche Einwilligung des Verlages öffentlich zugänglich gemacht werden. Dies gilt auch bei einer entsprechenden Nutzung für Unterrichtszwecke!

© Schneider Verlag Hohengehren, 73666 Baltmannsweiler 2022
 Printed in Germany – Druck: Format Druck, Stuttgart

Inhaltsverzeichnis

Vorwort		VII
1.	Bildungspolitische Entwicklungen nach PISA: Kompetenzen, Standards, Evaluierung	1
	Stichwort: Kompetenzen	2
	Stichwort: Standards	6
	Stichwort: Ergebnisevaluation	7
2.	Kompetenzen als zentrale didaktische Kategorie	13
3.	Bildungsstandards und neue Lehrpläne	19
	Bildungsstandards Deutsch/Primarstufe der KMK	19
	Neuere Lehrpläne	25
4.	Zentrale Kompetenzziele	28
	Mündlichkeit	29
	Schriftlichkeit	31
	Text- und Medienumgang	33
	Sprachreflexion	35
5.	Leistungsfeststellung und Leistungsbewertungen von Kompetenzen	37
	Aufsätze/Schriftlichkeit	37
	Rechtschreiben	42
	Andere Bereiche	44
6.	Generelle Wege der Kompetenzentwicklung im Fach Deutsch	44
	Interesse und gute Gründe	45
	Anregende Themen	47
	Anregende Lernumgebung	48
	Sicherung der Fachlichkeit	50
	Didaktische Schleifen	51

7.	Kompetenzentwicklung in Aufgabenbereichen des Deutschunterrichts	53
7.1	Mündlichkeit	53
	Lernumgebung	53
	Miteinander sprechen	55
	Erzählen	59
	Vortragen	62
7.2.	Schriftlichkeit, einschließlich Rechtschreiben	64
	Lernumgebung	64
	Schreibanfang	66
	Schreibprozess	76
	Rechtschreiben	94
7.3	Umgang mit Texten und Medien	106
	Lernumgebung	108
	Leseanfang	110
	Leseförderung	118
	Lesestrategien und Methoden	125
7.4	Grammatik	129
	Integrative Grammatikarbeit	130
	Wortgrammatik	132
	Satzgrammatik	135
8.	Literatur	139
	Zitierte Literatur	139
	Links	141
	Fachkompendien	141

Vorwort

Die Kompetenzdebatte ist aktuell. Ähnlich wie Anfang der 1970er Jahre die Lernzieldebatte das Nonplusultra didaktischen Denkens war, ist das schulpädagogische Feld nun mit Kompetenzforderungen übersät. Oft handelt es sich nur um einen Etikettenschwindel. Es wird etwas als Kompetenz formuliert, was sich lediglich auf ein enges kognitives Lernziel reduzieren lässt. Bildungspolitische Maßnahmen und Vorschläge sind voll von Kompetenzrhetorik. Es gilt als nicht zeitgemäß, wenn Richtlinien oder Kerncurricula nicht nach dem Kompetenzmodell formuliert werden. In diesem Denkdruck passiert es leicht, dass gar nicht „Kompetenzen drin sind, wenn Kompetenz drauf steht".
Eine besonders dramatische Wendung nimmt der „Kompetenz-Zugzwang" dann ein, wenn er letztlich nicht am Fördern der Lernenden orientiert ist, sondern als Vorwand für Selektion und Auslese dient. Denn pädagogischen Sinn können kompetenzorientierte Modelle von Lernstandards nur haben, wenn sie produktiv auf erweitertes Lernen ausgerichtet sind. Kindern sollen nicht immer die Defizite vor Augen geführt werden, sondern ihre Fortschritte. Doch in Deutschland besteht die Gefahr, dass aus Standards zu leicht Zensuren werden, die nicht als individuelle, unterstützende Leistungsrückmeldung verstanden werden, sondern eher Defizite aufzeigen. Diese Einschätzung wird gerade auch von Grundschullehrerinnen und -lehrern geteilt, die sich im Rahmen zahlreicher Reformkonzepte seit vielen Jahren recht erfolgreich um eine pädagogische Arbeit bemühen, die der Heterogenität ihrer Schülerinnen und Schüler gerecht wird. Sie stellen sich die berechtigte Frage, ob und wie diese Arbeit mit den geforderten Kompetenzen, Standards, Vergleichsarbeiten etc. vereinbar ist.
Auf der anderen Seite wird mit der Forderung nach dem Kompetenzerwerb häufig auch das grundlegende Ziel verfolgt, die eher „tote Wissensanhäufung" zu überwinden und einen Beitrag zum selbstständigen, verantwortungsbewussten Handeln der Schülerinnen und Schüler mit hoher Selbst-, Sach- und Sozialkompetenz zu leisten. Hans Werner Heymann (2004, S. 7) fasst die seiner Ansicht nach unumstrittenen Chancen des neuen bildungspolitischen Trends rund um Bildungsstandards, Kompetenzen, Lernstandsüberprüfungen und Kerncurricula wie folgt zusammen: Die Beliebigkeit und föderale Zersplitterung schulischer Bemühungen werde eingedämmt; Unterricht könne sich stärker als bisher auf Wesentliches konzentrieren und das deutsche Schulsystem könne mit einem überprüfbaren Bildungsminimum der sozialen Ungleichheit entgegentreten. „Die Kompetenzorientierung steht für den Anspruch, dass die Ergebnisse schulischen Lernens handlungsrelevant, praktisch anwendbar sowie persönlich und gesellschaftlich bedeutsam sein sollen" (Heymann 2004, S. 8).
Die sieben Bücher dieser Reihe rollen in diesem Sinne die Kompetenzfrage nicht administrativ oder selektiv auf, sondern wollen konstruktiv Beispiele aufzeigen,

wie Kinder tatsächlich in den sieben Fachbereichen kompetenter gemacht werden können. Hierzu bedarf es sämtlicher Fächer und Lernbereiche der Grundschule und nicht etwa nur derjenigen, für die bereits Bildungsstandards und Kompetenzmodelle entwickelt worden sind. Deshalb finden sich in der vorliegenden Reihe die Fächer Deutsch, Mathematik, Kunst, Musik, Englisch, Sachunterricht und Sport vertreten.

Um den formulierten Anspruch einlösen zu können, bedarf es spezifischer Lehrerkompetenzen, die durch die domänenspezifische theoretische wie auch praxisbezogene Auseinandersetzung über die Förderung und Unterstützung von Kindern in jedem einzelnen Band automatisch gestärkt werden. Trotz der hierdurch vorgenommenen domänenspezifischen Auslegung beruflicher Kompetenzen von Grundschullehrerinnen und -lehrern, können auch gemeinsame Kompetenzen formuliert werden. Ewald Terhart (2004, S. 10f.) formuliert insgesamt fünf grundschulspezifische Lehrerkompetenzen, mindestens drei davon werden in der vorliegenden Reihe unmittelbar angesprochen:

- Die Fähigkeit zum konstruktiven Umgang mit der zunehmenden Heterogenität einschließlich der Entwicklung eines differenzierten und gemeinsamen Unterrichtskonzepts.

- Diagnostische Kompetenz im Sinne der Fähigkeit zum Erkennen von unterschiedlichen Lernbedürfnissen und Unterstützungsbedarfen.

- Die Fähigkeit zur Bereitstellung individualisierter Lernprozesse und Lernmöglichkeiten auf der Ebene einzelner Klassen, Lerngruppen und Zeiteinheiten.

Um Lehrerinnen und Lehrer zu unterstützen, diese vielfältigen Kompetenzen umzusetzen, wünschen wir dieser Reihe guten Erfolg.

Astrid Kaiser/Susanne Miller

Literatur

Heymann, Hans Werner (2004): Besserer Unterricht durch Sicherung von „Standards"? In: PÄDAGOGIK 56, Heft 6, S. 6–9

Terhart, Ewald (2004): Lehrerkompetenzen für die Grundschule – Kontext, Entwicklung und Bedeutung. Grundschule 6/ 2004, S. 10–12

1. Bildungspolitische Entwicklungen nach PISA: Kompetenzen, Standards, Evaluierung

Mit der Veröffentlichung der PISA-Studie im Jahr 2001 begann in Deutschland eine neue Phase der Bildungsdebatte: Das schlechte Abschneiden der deutschen 15-jährigen im internationalen Vergleich hatte die Illusion platzen lassen, die deutsche Schule sei besonders leistungsfähig. Ein zentraler Prüfbereich bei dieser Studie war die Lesekompetenz. Einige der bedrückenden Ergebnisse waren (Deutsches PISA-Konsortium 2001, S. 101 ff.):

– Die Gruppe der Leistungsstärksten war mit 8,8% kleiner als der internationale Durchschnitt mit 9,5%, die Gruppe der Leistungsschwächsten war mit 9,9% erheblich größer als der internationale Durchschnitt mit 6,0% (ebenda S. 101 ff.). Das bedeutet: In vielen Ländern gibt es im Vergleich zu Deutschland mehr Schüler/innen mit besseren Leseleistungen und sogar erheblich weniger Schüler/innen mit schlechten Leseleistungen.

– In Deutschland wiesen mehr als 26% der Schüler/innen keine für ihr Alter notwendige Lesekompetenz auf, international waren es 18%. Das bedeutet: Ein Viertel der 15-jährigen in Deutschland zählt zur sog. Risikogruppe, deren Bildungserfolg fraglich ist. Ein großer Anteil entfällt dabei auf Jugendliche mit Migrationshintergrund.

– Der Anteil der Schülerinnen und Schüler, die nicht zu ihrem Vergnügen, also freiwillig, lesen, ist in Deutschland besonders hoch, er liegt bei 42%. Im Vergleich der 32 beteiligten Nationen liegen deutsche Jugendliche hier auf Platz 29. Das bedeutet: Nur bei gut der Hälfte der Jugendlichen gelingt es der Schule (neben dem Elternhaus), dauerhafte Lesemotivation zu erreichen.

Unverzüglich beschloss die Kultusministerkonferenz Maßnahmen, die „Handlungsfelder" ausweisen, in denen die Länder und die KMK vorrangig tätig werden wollten. Für den Bereich Deutsch waren dies (Kultusministerkonferenz 2001):

– „Maßnahmen zur Verbesserung der Sprachkompetenz im vorschulischen Bereich.
– Maßnahmen zur Verbesserung der Grundschulbildung und durchgängige Verbesserung der Lesekompetenz ...
– Maßnahmen zur konsequenten Weiterentwicklung und Sicherung der Qualität von Unterricht und Schule auf der Grundlage von verbindlichen Standards sowie eine ergebnisorientierte Evaluation."

Bemerkenswert an den Maßnahmen war, dass insbesondere der vorschulische und der Grundschulbereich ins Visier genommen wurden, nicht aber die Sekundarschulen, schließlich waren die getesteten Jugendlichen 15 Jahre alt und die Grundschuluntersuchung IGLU sollte erst zwei Jahre später folgen, eine Studie, bei der ebenfalls mit Schwerpunkt Lesekompetenz nun aber Kinder im Grundschulalter getestet wurden, nämlich die 9-jährigen.

Die Ergebnisse der Grundschulstudie IGLU fielen dann für die deutschen Schülerinnen und Schüler deutlich besser: Sie lagen über den internationalen Durchschnittwerten (Bos u.a. 2003, S. 98ff.). Zur Risikogruppe zählten hier nur 10,3%, zur Spitzengruppe aber 18,1%. Der Anteil von Kindern, die nicht zu ihrem Vergnügen, also freiwillig, lesen, lag bei nur 18%. Das bedeutet: Das Leistungsniveau der Schülerinnen und Schüler in der Lesekompetenz verschlechtert sich erheblich in den Schuljahren, die auf die Grundschulzeit folgen. Aber auch die Werte für die Grundschule sind nur suboptimal und fordern dazu heraus, der Förderung der Lesekompetenz in der Grundschule mehr Beachtung zu schenken.

Mit den o.a. Maßnahmen der Kultusministerkonferenz KMK sind wesentliche Stichwörter und Orientierungen genannt, die ausgehend von PISA die schulpolitische Diskussion mit bestimmen und erheblichen Einfluss auf neue Rahmenlehrpläne, auf didaktische Schwerpunktsetzungen und auf die Schulpraxis haben:

– die Orientierung an *Kompetenzen*, wie sie den internationalen Untersuchungen zu Grunde liegen,
– die besondere Beachtung der *Lesekompetenz* als einer Schlüsselkompetenz für schulischen Erfolg,
– die Festlegung verbindlicher *Standards*,
– die *Ergebnisevaluation*, bei denen im Fach Deutsch die Lesekompetenz eine wesentliche Rolle spielt.

Das mit diesen Stichwörtern Gemeinte und Realisierte ist didaktisch bedeutungsvoll, zum Teil aber auch problematisch und nicht widerspruchsfrei. Dies soll im Folgenden erläutert werden.

Stichwort: Kompetenzen

Seitdem die PISA-Studie den Begriff Kompetenz als Ziel schulischer Bildung verwendet, wird er wieder vielfach gebraucht, allerdings mit unterschiedlicher Bedeutung. Dies zu klären und hierbei Position zu beziehen, hat für den Deutschunterricht konzeptionelle Bedeutung. Am Beispiel des Begriffs „Lesekompetenz" sei dies ausgeführt.

Zu Grunde liegt bei den internationalen Studien PISA und IGLU das angelsächsische Literacy-Verständnis, was nicht nur auf Literatur zielt, sondern universell auf alle Lernbereiche. Es geht dabei um „Basiskompetenzen" und ihre „Funktionalität ... für die Lebensbewältigung im jungen Erwachsenenalter und deren Anschlussfähigkeit für kontinuierliches Weiterlernen über die gesamte Lebensspanne" (Deutsches PISA-Konsortium, S. 78). Lesekompetenz ist eine dieser Basiskompetenzen. Dem Literacy-Verständnis entsprechend, stehen sachbezogene Textsorten im Mittelpunkt, die für gesellschaftliche und berufliche Anforderungen wichtig sind, und zwar:

– *kontinuierliche Texte*,

  also Texte, die Zeile für Zeile erlesen werden können, wie Zeitungstexte, Meinungstexte, Argumentationen, Darlegungen

– *nicht-kontinuierliche Texte*,

  also Texte mit Grafiken, Tabellen, Karten, Formularen, bei denen die Informationen durch Sprünge zwischen den Informationselementen gewonnen werden.

Bei der Grundschulstudie IGLU wurden keine nicht-kontinuierlichen Texte verwendet. Orientiert an den Lesesituationen der 9-jährigen wurden anschauliche und emotional anmutende Texte mit zwei Leseintentionen gewählt:

– *literarische Texte*, bei denen Kinder „fremde Welten kennen lernen, Erfahrungen anderer Personen nachvollziehen, verschiedene Perspektiven aufeinander beziehen" können (Bos u. a., S. 78) sowie

– *Sachtexte*, die nicht wie literarische Texte vielschichtig lesbar sind, sondern die eindeutige und präzise Informationen anbieten.

Die landesweiten Leistungstests, die einmal im Jahr von allen Kindern einer Jahrgangsstufe bearbeitet werden müssen, entsprechen in Textsorten und Aufgabenstellungen diesen internationalen Studien, weil politisches Ziel ist, die Ergebnisse der deutschen Schülerinnen und Schüler in weiteren Untersuchungen deutlich zu verbessern. Im Grundschulbereich wurden allerdings, anders als bei IGLU, auch nicht-kontinuierliche Texte einbezogen, z. B. ein Zugticket oder eine Wetterkarte mit Legende.

Gemeinsam ist all diesen Tests, den internationalen wie den nationalen, dass sie sich pragmatisch am Gebrauch der Basiskompetenz Lesen mit dem Ziel der Entnahme und der Verarbeitung von Informationen orientieren. Dabei geht es um zwei Wissensquellen: um die Informationen, die der Text direkt bietet, und um Wissen außerhalb des Textes, das zum Verständnis des Textes herangezogen wird.

– Im Text selbst sollen die dort angegebenen Informationen erkannt und durch Bezüge von Textinhalten zueinander einfache Schlussfolgerungen gezogen werden. Beim Lesen von Pippi-Langstrumpf-Geschichten z. B. müssten die Kinder die handelnden Personen und die Orte des Geschehens finden und sie müssten erklären, warum die Kinder in der Geschichte Pippi besonders mögen.

– Über den Text soll mit außertextlichem Wissen nachgedacht, der Text soll interpretiert werden, Inhalt und Sprache sollen reflektiert und bewertet werden. Wieder am Beispiel von Pippi-Langstrumpf-Geschichten: Die Kinder müssten erkennen, was Pippi von normalen Kindern unterscheidet, sie müssten finden und an Textstellen nachweisen, dass Pippi eine ausgedachte Figur ist.

Lesekompetenz fächert sich demnach in folgende Teilkompetenzen auf:

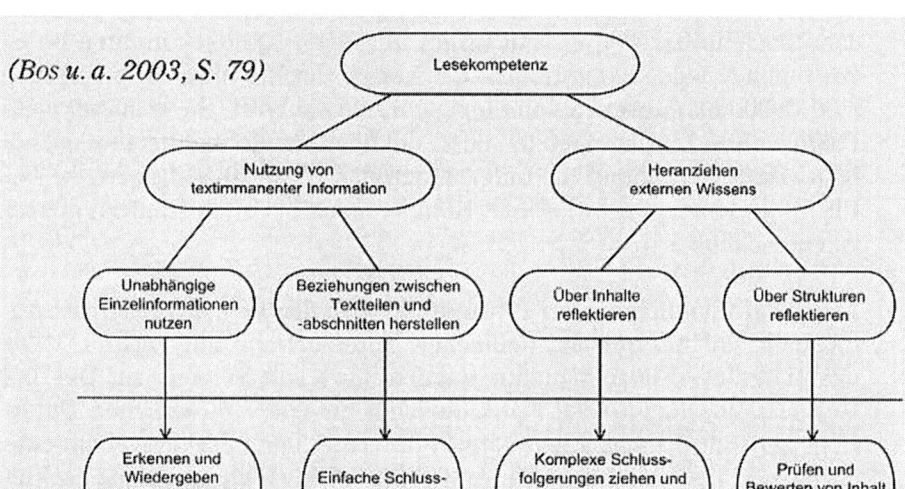

Die Teilkompetenzen wiederum beinhalten lesetechnische Aspekte, die jeweils aufgabengerecht vom Leser herangezogen werden: Lesen als Textentschlüsselung, Lesestrategien wie genaues sowie überfliegendes Lesen, Fähigkeiten und Fertigkeiten also, die nötig sind, damit die Teilkompetenzen wirksam werden können. Lesekompetenz ist mithin eine komplexe Fähigkeit, bei der vorhandenes Text- und Weltwissen, Lesetechniken und -strategien zur Lösung der jeweiligen Leseaufgabe vom Leser herangezogen werden.

Allerdings wird die Lesekompetenz in diesen Tests auf einen Ausschnitt dessen begrenzt, was in der Deutschdidaktik unter Lesekompetenz verstanden wird: nämlich auf die kognitive Dimension (siehe Bos u. a., S. 79).

In die Tests nicht einbezogen werden die anderen Dimensionen der Lesekompetenz: Motivation (z. B. genussvoll lesen, individuelles Leseinteresse entwickeln), Emotion (z. B. eigene Erfahrungen und Gefühlserlebnisse mit dem Gelesenen verbinden), Kreativität (z. B. innere Vorstellungsbilder beim Lesen entwickeln, Gelesenes kreativ verarbeiten) sowie Lese-Kommunikation (z. B. sich über Gelesenes miteinander austauschen, unterschiedliche Sichtweisen miteinander abgleichen). Siehe S. 107.

Zudem werden wichtige Textsorten über die Sachtexte und Erzähltexte der Tests hinaus, z. B. literarische Sorten wie Märchen, Gedichte, Kinderliteratur oder dialogische Texte mit ihren je eigenen Verstehensansprüchen, nicht in die Tests einbezogen. Damit bleiben auch im kognitiven Bereich Text- und Strukturwissen, Lesestrategien und Textumgangsweisen unbeachtet, die auf solche Textsorten bezogen sind.

Die Begrenzung der Tests auf bestimmte kognitive Aspekte, die als Anforderungen des späteren Lebensalltag und der beruflichen Aufgaben gelten, sind der deutschen PISA- und der IGLU-Gruppe durchaus bewusst. Diese Einschränkung wurde in Kauf genommen, weil sie Grundlage der internationalen Testhandhabung war (siehe Deutsches PISA-Konsortium, S. 79).

Das Bewusstsein der didaktischen Begrenztheit wurde in der Folgezeit bis heute aber nicht immer bewahrt. Die Testergebnisse werden politisch, in den Medien, aber auch von deutschen Testkonstrukteuren wie der Landauer VERA-Gruppe so gehandelt, als seien sie umfassende Aussagen zur Leistungsfähigkeit der Schülerinnen und Schüler im Lesen, ja sogar als Aussagen über Schulleistungen generell (siehe Bartnitzky 2006). Um so wichtiger ist es, zu klären, was die Kompetenzen im Fach Deutsch sind und hier die begrenzte Aussagekraft der Tests einzuordnen.

Abgesehen von dieser Frage, was im Einzelnen zu einem Kompetenzbegriff wie den der Lesekompetenz hinzugerechnet wird, führt das Denken in Kompetenzen zu einem anderen Verständnis von Unterrichtszielen, als es in der traditionellen Denkweise von Inhalten und Lernzielen bestimmend war (siehe Kultusministerkonferenz 2005 a, S. 16):

	Traditionelle Inhalte und Lernziele	*Kompetenzen*
Funktion	Beschreibung dessen, was Schüler/innen nach einem Unterrichtsabschnitt wissen oder können sollen	Beschreibung dessen, was Schüler/innen wissen und können müssen, um Situationen des weiteren schulischen Lernens oder des Lebensalltags zu bewältigen
Komplexität	Kenntnisse oder Fertigkeiten oder Fähigkeiten oder Lernmethoden	Zusammenspiel von Fähigkeiten, Rückgriff auf Wissen und Erfahrungen, Anwenden von Fertigkeiten, Lernmethoden und Arbeitsweisen
Eigenaktivität	Je nach Lernziel ist die Eigenaktivität der Schüler/innen unterschiedlich: Die Möglichkeiten reichen von geringer Eigenaktivität (z.B. bei der gedächtnismäßigen Speicherung einer Schreibweise bestimmter Wörter) bis zu hoher Eigenaktivität (z.B. beim freien Schreiben).	Die Eigenaktivität ist immer eher groß, weil zur Bewältigung der Situation der Rückgriff und die Kombination verschiedener bisher erworbener Kenntnisse, Fähigkeiten, Fertigkeiten, Lernmethoden usw. erforderlich ist.
Ebenen	verschiedene Ebenen der Konkretheit: Richtziele, Grobziele, Feinziele ...	verschiedene Ebenen der Konkretheit: allgemeine Kompetenz wie Lesekompetenz, konkrete (Teil-)Kompetenzen wie zentrale Aussagen eines Textes erfassen und wiedergeben, sie in Beziehung zueinander setzen, den Text interpretieren, Struktur und Sprache reflektieren und bewerten.

Stichwort: Standards

Die von der Kultusministerkonferenz 2001 angekündigten „verbindlichen Standards" wurden für den Grundschulbereich zu den Fächern Deutsch und Mathematik für das Ende der Klasse 4 im Jahr 2004 als „Bildungsstandards" beschlossen (Kultusministerkonferenz 2005 b). Sie sollten mit Beginn des Schuljahres 2005/2006 als Grundlagen der fachspezifischen Anforderungen für den Unterricht in der Grundschule übernommen werden (Kultusministerkonferenz 2005 a, S. 3). Der KMK nach sind sie anders konzipiert als die bisherigen Lehrpläne. In den Lehrplänen würden die zu erwerbenden Kenntnisse, Einstellungen und Fähigkeiten „in Lernzielen und -inhalten aufgelistet und zeitlich angeordnet." Lehrpläne beschrieben und strukturierten „den Weg zur Zielerreichung", sie listeten „detailliert einzelne Lernziele und Lerninhalte auf." In Bildungsstandards würden dagegen benannt „zentrale Ziele und Konzepte eines Faches sowie die grundlegenden Kompetenzen, die Schülerinnen und Schüler bis zu einer bestimmten Jahrgangsstufe an zentralen Inhalten und Kernbereichen erworben haben sollen. Sie lenken damit die Aufmerksamkeit und die Praxis im Unterricht auf das kumulative Lernen, d. h. auf langfristig aufgebaute Lernergebnisse" (ebenda, S. 17f.).

Damit ist der Übergang von der Formulierung von Zielen und Inhalten in traditionellen Lehrplänen zu Kompetenzen in den Bildungsstandards deutlich markiert.

	traditionelle Lehrpläne	*Bildungsstandards*
Funktion	Bildungsgang beschreiben als strukturierende Vorgabe, als sog. „Input"	Anschlussfähigkeit sichern als Zielvorgabe, als Erwartung des sog. „Out-put" oder „Out-come" (Formulierung der KMK)
Ausführung	detaillierte Beschreibung der Ziele und Inhalte des Faches, der Lernwege und Unterrichtsprozesse, mit Angabe einer Zeitperspektive (in der Regel Schuljahrgang oder Doppeljahrgang)	allgemeine Beschreibung der Kompetenzen am Ende eines Bildungsganges (hier vierjährige Grundschule) im Sinne von Basisqualifikationen, die für die weitere schulische und berufliche Ausbildung von Bedeutung sind

Die Bildungsstandards sollen, so lange traditionelle Lehrpläne bestehen, sie „ergänzen". Bei Neufassung der Lehrpläne, wie sie die meisten Länder beabsichtigen, seien sie an die Bildungsstandards „anzupassen" (ebenda, S. 19).

Im Vorfeld dieser Entscheidung gab es eine Diskussion zum Standard-Konzept. Auf welcher Ebene sollten die Standards formuliert werden (ebenda, S. 9):

– als präzise festgelegte *Mindest- oder Minimalstandards*, die alle Kinder erreichen sollen

(z. B. Texte zum eigenen Lesen auswählen, altersgemäße Texte still oder mitflüsternd erlesen)
- als *Exzellenz- oder Maximalstandards*, die eine obere Ebene der Zielsetzung als Lernperspektive vorgeben
(z. B. zu einem selbst ausgewählten Kinderroman eine Buchvorstellung mit Leseproben und kleinen Spielszenen präsentieren)
- als *Regelstandards*, die offener formuliert sind und beschreiben, welche Kompetenzen im Durchschnitt erreicht werden sollen. Durch ihre Offenheit ermöglichen sie eine Bandbreite von Niveaus
(z. B. in Texten gezielt Informationen finden und zusammenfassend wiedergeben, wobei offen bleibt, welcher Art die Texte und die Informationen sind und welcher Anspruch an die Zusammenfassung gestellt wird).

Die Entscheidung fiel zugunsten der unpräziseren Regelstandards mit einer Bandbreite an möglichen Realisierungsniveaus aus. Dies ist auch sinnvoll, sollen die Standards doch einerseits für alle Kinder Bildungsansprüche formulieren, andererseits aber die Unterschiedlichkeit in den Leistungsentwicklungen und -möglichkeiten der Kinder respektieren.

Ein anderer Diskussionspunkt war: Sollten die Standards lediglich ein Kerncurriculum beschreiben, also nur den unverzichtbaren Teil der Zielsetzung, damit jede Schule dieses Kerncurriculum durch schulspezifische Zielsetzungen zu einem schuleigenen Lehrplan ergänzt? Oder sollten die Standards das Gesamt der fachbezogenen Ziele formulieren?

Der Anspruch der Bildungsstandards sei, so die KMK, Basisqualifikationen zu beschreiben, einen Kernbereich des Faches ins Auge zu fassen, nicht aber die ganze Breite eines Faches abzudecken (ebenda, S. 7). Der neue niedersächsische Plan, der sich eng an die Bildungsstandards anschließt, nennt sich deshalb auch „Kerncurriculum". Bezieht man die ausgewiesenen Kompetenzen und Inhalte aber auf die zur Verfügung stehende Schulzeit, dann spricht die Erfahrung dafür, dass dies kein Kerncurriculum und nicht lediglich ein Kernbereich des Faches ist, sondern schon das fachbezogene Zielprogramm der Grundschularbeit darstellt, wobei die Standards durch ihre Niveauoffenheit für schuleigene Konkretisierungen offen sind.

Stichwort: Ergebnisevaluation

Eine weitere Vereinbarung der Kultusministerkonferenz, die inzwischen realisiert wurde, ist die Ergebnisevaluation auf der Grundlage der Standards in Deutsch und Mathematik. Sie ist Ergebnis der Festlegung, die bisherige sogenannte „Input"-Steuerung des Schulwesens (Lehrpläne, Stundentafel, Lehrerzuweisung, Fortbildung) durch die „Output"- oder „Outcome"-Steuerung (Standards, interne und externe Evaluation, Bildungsberichterstattung) zu ergänzen oder gar zu ersetzen. Die Kultusministerkonferenz spricht hier vom „Paradigmenwechsel in der Bildungspolitik", der im Sinne von „outcome-Orientierung" nun „Rechenschaftslegung und Systemmonitoring" erfordere (ebenda, S. 6).

Die bisher sichtbare Realisierung im Bereich Deutsch wird dem didaktischen Anspruch zur Kompetenzüberprüfung allerdings nicht gerecht. Im Gegenteil: Sie steht der Kompetenzentwicklung und ihrer Würdigung eher im Wege. Das soll im Folgenden erläutert werden.

Zunächst wurden landesweite Tests in unterschiedlichen Konstellationen erarbeitet: in landeseigenen Instituten wie die Orientierungsarbeiten des Staatsinstituts für Schulqualität und Bildungsforschung in München für Bayern, oder an Universitäten wie die Vergleichsarbeiten VERA an der Universität Landau für zunächst sieben Bundesländer. Seit 2008 sind die Tests zum Fach Deutsch bundeseinheitlich und werden in Kooperation des Landauer und des Münchener Instituts erarbeitet und ausgewertet. Die jährlichen Tests unterliegen den gleichen Begrenzungen wie die internationalen Untersuchungen: Sie sind begrenzt auf die kognitive Dimension der Kompetenz und beziehen sich inhaltlich nur auf einen Teil dessen, was unter der fachbezogenen Kompetenz zu verstehen ist.

Aber auch wenn man diese Begrenztheit akzeptiert, machen die bisherigen Tests (bis 2007) Probleme deutlich, die ihre Aussagekraft minimieren. Ein wesentlicher Grund dafür liegt offenbar in den politischen Maßgaben der Testkonstruktion: Die Tests müssen Jahr für Jahr neu konstruiert und ausgewertet werden, also mit einfacheren testmethodischen Instrumenten auskommen. Sie sind aus Gründen der Finanzierbarkeit Papier-Bleistift-Tests und durch die Lehrkräfte selbst durchführ- und auswertbar. Komplexere Untersuchungsmethoden mit umfangreichen Pretests, mit Beobachtungen, audio-visuellen Aufzeichnungen, freien Texten der Kinder, Interviews sind deshalb nicht möglich. Einige grundlegende Probleme der derzeitigen flächendeckenden Tests sollen dargestellt werden, ohne auf Detailkritik an den Aufgabenstellungen einzugehen (siehe hierzu: Bartnitzky 2005, 2007).

Zur Erfassung und Würdigung der Denkleistungen der Kinder: Im VERA-Test Deutsch 2005 (VERA 2005, S. 7) wird als nicht-linearer Text eine DB-Zugfahrkarte mit Hin- und Rückfahrt präsentiert, zu der es dann einige Fragen gibt. Auf der Karte finden sich u. a. die Hinweise: von Bochum nach Frankfurt 10.11.03, von Frankfurt nach Bochum 11.11.03. Eine Frage dazu lautet: „Wo beginnt die Reise?" Fünf Städte sind angegeben, darunter Bochum und Frankfurt. Beförderungsrechtlich ist Bochum die richtige Antwort, weil hier die Reise angetreten wird. Wenn Kinder bei genauem Studieren der Karte und Durchdenken der Frage aber herausfinden, dass mit der Fahrkarte eigentlich zwei Reisen gebucht sind, nämlich zuerst die Reise, die in Bochum beginnt, dann am Tag darauf die Reise zurück, die in Frankfurt beginnt, und wenn sie deshalb Bochum und Frankfurt ankreuzen, dann haben sie zwar klug gedacht, die Aufgabe aber falsch gelöst.

Im VERA-Test Leseverständnis 2007 (VERA 2007a) wird im ersten Teil ein Sachtext über die beim Essen beteiligten Sinne präsentiert. Bei Aufgabe 1.3 wird gefragt, welche Aufgabe dieser Text hat, und es werden vier Antwortmöglichkeiten vorgegeben. Es soll „die richtige Antwort" angekreuzt werden. Die Antworten sind so konstruiert, dass eine ins sachliche Zentrum des Textes trifft („über die beim Essen beteiligten Sinne informieren"). Andere Antworten sind aber auf Grund des Textes ebenso möglich („dem Leser Tipps für einen Sinnestest beim Essen geben", „dem Leser wichtige Regeln zum Essen vermitteln"). Kreuzen Kinder eine solche Antwort an, dann haben sie vermutlich auch Gründe dafür. Die Antwort stimmt zwar nicht mit der Entscheidung der Testmacher überein, aber ist eben auch möglich. Zumal im Zusammenhang mit ihrer Begründung ist ihre Antwort ebenso ein Beleg für ihr Textverständnis, das hier aber nicht akzeptiert wird. Die Antwort gilt als falsch.

Es gibt auch Aufgaben mit freien Antwortmöglichkeiten. Im gleichen Test wird im zweiten Teil ein Zeitungsartikel präsentiert, in dem es um Vorschläge von Kindern für die Speisekarte eines Hotels geht. Die getesteten Kinder sollen aufschreiben, welches der Sieger-Gerichte sie selber am liebsten essen würden, und ihre Antwort begründen. Als richtig wird nur akzeptiert, wenn die Kinder ein Gericht mit „passender Begründung" angegeben haben (VERA 2007 c, S. 26). Ist die Begründung unpassend, dann ist die Antwort falsch. Was aber ist im Verständnis der Kinder passend oder unpassend? Eine Möglichkeit, ihre Begründung zu erläutern oder von Seiten der Lehrkraft bei den Kindern nachzufragen, ist nicht gegeben.

An diesen Beispielen wird das Dilemma deutlich: Kinder kommen möglicherweise auf andere Ergebnisse, als die Testkonstrukteure sie sich ausgedacht haben. Diese Ergebnisse können ebenfalls durch den Text gedeckt, also richtig auch im Sinne des Leseverständnisses sein. Entscheidend ist die Begründung der Kinder, die einen Einblick in ihre Denkleistung geben können und die deutlich machen, inwieweit ihre Antwort nicht willkürlich, sondern text- und erfahrungsbezogen ist. Dies würde mehr über den Stand ihrer Kompetenzentwicklung aussagen als die vorgesehene unkommentierte Auswahl-Antwort.

Zur Erfassung wichtiger Kompetenzbereiche und Standards: Dass die von den Tests untersuchten Teilkompetenzen zum Lesen nur den kleineren Teil dessen betreffen, was die Lesekompetenz ausmacht, wurde bereits oben ausgeführt. In den bisherigen Vergleichsarbeiten VERA wurden zur zentralen Basiskompetenz Lesen die Kompetenzbereiche der KMK Bildungsstandards „über Leseerfahrungen verfügen" und „Texte präsentieren" mit keinem einzigen Standard einbezogen. Der Kompetenzbereich „Texte erschließen" enthält elf Standards, hiervon werden in den Tests nur sieben immer wieder in Aufgabenstellungen einbezogen. Dabei ist immer noch zu hinterfragen, auf welchem didaktischen Niveau und mit welcher Treffsicherheit die Aufgabenstellungen die Standards abzudecken versuchen. Hierzu zwei Beispiele aus anderen Kompetenzbereichen.

Im VERA-Test Deutsch 2006 (S. 14) werden im thematischen Zusammenhang eines Reiseberichts über eine Karawane auch Aufgaben zu grammatischen Themen gestellt. In einer Aufgabe werden die Wörter und Wortgruppen in einem Satz auf vier verschiedene Weise durch Schrägstriche abgeteilt:

- Die Kamele/haben wunde/Stellen/am Rücken.
- Die Kamele/haben/wunde Stellen/am Rücken.
- Die Kamele/haben wunde/Stellen am Rücken.
- Die/Kamele/haben/wunde/Stellen/am Rücken.

Die Aufgabe dazu lautet: „In welchem Satz sind die Satzglieder durch die Striche richtig bestimmt? Kreuze an." Abgesehen von der sprachlich falschen Behauptung, die Striche würden die Satzglieder „bestimmen", wird hier ein didaktisches Manko deutlich:

Abgefragt wird satzanalytisches Strukturwissen. Das aber ist nur indirekt in den Bildungsstandards ausgewiesen. Dort geht es um die Kategorien Subjekt, Prädikat/Satzkern sowie Ergänzungen. Zentral sind die Operationen, mit deren Hilfe das Sprachgefühl für solche Kategorien und damit auch das Sprachwissen entwickelt werden. Dies dokumentiert sich in den Standards bei den Formulierungen: „sprachliche Operationen nutzen: umstellen, ersetzen, ergänzen, weglassen" oder auch „mit Sprache experimentell und spielerisch umgehen" (KMK 2005b, S. 13f.). Methodisch üben die Kinder, Sätze zu bilden und zu erweitern, also vom Prädikat als dem Satzkern aus Fragen zu stellen und mit den Antworten, den Satz zu erweitern, z. B. schenkt – Wer schenkt wem was? Zentral für den Bereich Satzgrammatik, zumal am Anfang von Klasse 4, dem Zeitpunkt, zu dem der Test geschrieben wurde, sind die operativen Umgangsweisen und der induktive Weg zu Satzkonstruktionen, nicht aber die deduktive Satzanalyse.

Im VERA-Test Deutsch 2007 wird im Testteil Schreiben ein Bildimpuls gegeben, hinzu treten einige allgemeine Hinweise: Die Geschichte solle interessant und abwechslungsreich sein, sie könne spannend, lustig, gruselig oder überraschend sein. Die Korrekturanweisungen für die Lehrkraft sehen dann 24 Kriterien zur Auswertung der Kindertexte vor, darunter die Einführung weiterer Personen, Darstellung von Emotionen, abwechslungsreiche Adjektive, Verwendung wörtlicher Rede – kurz, die 24 Kriterien stellen das Füllhorn der möglichen Aufsatzkriterien dar. Dies aber entspricht nicht den Bildungsstandards. Dort geht es um Entwicklungen von Schreibprozess-Aspekten, also Texte zu planen, Schreibsituationen zu klären, Schreibhinweise zu entwickeln und daran wiederum sich beim Schreiben und bei der Textüberarbeitung zu orientieren (KMK 2007 a, c). Es geht also nicht um die Erfüllung aller möglichen Stilkriterien, sondern um Festlegung und Beachtung von Kriterien (Schreibhinweisen), die sich aus der jeweiligen Verwendungssituation ergeben.

Die Testaufgaben erfassen nur einen kleinen Bereich der Standards. Die Aufgaben und ihre Gewichtung lassen zudem häufig den didaktischen Kontext vermissen, in dem die jeweils ausgewählten Standards stehen. Sie verfehlen damit die didaktische Qualität, die mit den Bildungsstandards und übrigens auch mit den gültigen Lehrplänen gemeint ist. Die fehlende Validität in Bezug auf Lehrpläne und Bildungsstandards ist nun allerdings kein geringes Manko, es entzieht den Tests die didaktische Legitimität.

Zur Ermittlung der Kompetenzniveaus auch leistungsschwächerer Kinder: Eine wesentliche Begründung für die flächendeckenden Tests ist die große Zahl der sogenannten „Risikokinder", also der Kinder, deren Leistungen unterhalb dessen liegen, was als Mindestanforderungen gelten muss. Die Tests müssten in Bezug auf diese leistungsschwächeren Kinder genauere Auskunft über Leistungsstand und Defizite und somit auch Hinweise auf nötige Förderaspekte geben. Die Erfahrungen mit den bisherigen Tests zeigen, dass dies durch die Textgestaltung verhindert wird.

Der Deutsch-Test 2006 enthielt zunächst fünf Leseseiten im DIN-A-4-Format: eine Anleitungsseite, knapp zwei Seiten Erzähltext, zwei Seiten diverse Kurztexte zur Information über die Sahara, über die Tuareg, über Kamele. Auf weiteren acht Seiten folgten 27 Aufgaben zu den verschiedenen Texten. Leistungsschwächere und misserfolgsängstliche Kinder drohten bereits durch die Textfülle mutlos zu werden. Bei den Aufgaben schöpften sie in der Regel nicht aus ihrem Gedächtnis, sondern blätterten ständig zurück, um die richtigen Antworten zu finden, was einen guten Teil ihrer Arbeitszeit in Anspruch nahm, oder sie verlegten sich auf die Ratestrategie.

Der Deutsch-Test 2007 bestand aus zwei Teilen: einem Aufgabenteil Leseverständnis und einem Teil Schreiben. Der Teil Schreiben enthielt einen Bildimpuls mit einigen Hinweisen, dann folgten drei DIN-A-4-Seiten mit jeweils 28 Schreibzeilen und eine DIN-A-4-Seite mit 14 Schreibzeilen. Schon der Anblick dieser Fülle von leeren Schreibzeilen ließ den Mut bei schreibschwächeren, bzw. sprachärmeren oder auch ängstlicheren Kindern sinken.

Sofern die Lehrkräfte nicht helfend und mutmachend einsprangen, wirkten die Aufgaben in allen bisherigen VERA-Tests auf leistungsschwächere, bzw. misserfolgsängstliche Kinder eher entmutigend. Bei ihren Ergebnissen zeigten sie deshalb nicht, was sie schon zu leisten vermochten. Aussagen zu individuellen Defiziten waren deshalb auch nicht zu gewinnen. Dass Lehrkräfte angesichts dieser Situation den Kindern bei der Aufgabenbearbeitung halfen, brachte zwar nach außen bessere Resultate, machte aber zugleich die Ergebnisse wertlos.

Zur möglichen Auswirkung auf den Unterricht: Erfahrungen aus England und aus den USA zeigen, dass Schulen sich im Laufe der Zeit in ihrem Unterricht auf die Inhalte und Formate der Aufgaben einstellen, die in den Tests vorgegeben werden – unter Vernachlässigung aller anderen Ziele und Aufgaben. Die Testergebnisse werden dadurch im Laufe der Zeit zwar besser, die Leistungen in den nicht getesteten Bereichen sinken jedoch (Brügelmann 2005, S. 279f.). Diese Tendenz wird auch für Deutschland umso wahrscheinlicher, je mehr Erfolgsdruck auf die Schulen gemacht wird. Dies geschieht zur Zeit schon durch schulinterne Veröffentlichungen, wobei auch die Ergebnisse der Parallelklassen den Eltern mitgeteilt werden, durch Schulranking mit Veröffentlichung der angeblich besten Klassen, so in Nordrhein-Westfalen. Auch der mögliche Einbezug der Testergebnisse in die Zeugnisnote verstärkt den Druck auf die Lehrkräfte, die Kinder testfit zu machen. Die Verlage bedienen die Drucksituation bereits durch Materialien, mit deren Hilfe die Kinder auf die Tests vorbereitet werden. Die Effekte würden die Absicht konterkarieren, Kompetenzen im Sinne selbstständiger Handlungsfähigkeit zu stärken und zu entwickeln: Die erheblichen Einschränkungen der didaktischen Qualität der Tests würden die didaktische Qualität des Unterrichts mindern: Im Mittelpunkt stünden die testtauglichen Standards unter Vernachlässigung aller anderen; auf diese Standards würde isoliert hingearbeitet; bewertet würden die Ergebnisse, wie sie von den Aufgabenerstellern gedacht sind, die von Standardwegen abweichenden Denkmöglichkeiten und Argumentationen der Kinder würden dagegen ausgeblendet. Diesem „teaching-to-the-test-Effekt" soll auch die vorliegende Veröffentlichung entgegenwirken.

Bei der Weiterentwicklung zu bundeseinheitlichen Tests müssten insbesondere folgende Aspekte beachtet werden:

– Die jeweils getesteten Standards sind nicht als isolierte Anforderungen sondern vom didaktischen Kontext her zu definieren.
– Die Aufgabensstellungen müssen geeignet sein, die Qualität der Arbeitsprozesse, die Anwendung von Methoden und Arbeitsweisen ermitteln zu helfen.
– Die Denkleistungen der Kinder bei der Lösung einer Aufgabe müssen deutlich werden.
– Gerade auch leistungsschwächere und erfolgsunsichere Kinder müssen ihre bereits vorhandenen Fähigkeiten zeigen können, um damit auch das Entwicklungsniveau erkennbar zu machen.

Außerdem muss darauf verzichtet werden, dass die Tests eine verlässliche Aussage zur Leistung des einzelnen Kindes ermöglicht. Die Ergebnisse eines Einmal-Tests lassen bekanntermaßen keine zuverlässige Diagnose im Einzelfall zu, weil die Fehleranfälligkeit zu groß ist. Die Fehler gleichen sich erst in der Summe der großen Zahl der Getesteten aus. Die Tests sind deshalb für ein System-Monitoring geeignet (zum Beispiel zur Frage: Welche Schulen brauchen besondere Unterstützungen?), nicht aber für die Einzelfalldiagnose oder gar als Indikator für die Übergangsentscheidung. Dann allerdings bleibt die Frage, ob nicht Stichproben an per Zufall ausgewählten Schulen und Abstände von drei oder vier Jahren die angemessenere Lösung sind.

Wie Leistungsdiagnosen im Schulalltag beschaffen sein können, die Kompetenzentwicklungen der Kinder klären und stärken helfen, wird in Kapitel 5 mit Beispielen ausgeführt.

2. Kompetenzen als zentrale didaktische Kategorie

Am Beispiel der Lesekompetenz wurde oben der Kompetenzbegriff definiert. Hier soll er nun generalisiert und weiter präzisiert werden.

In die deutsche Bildungsdiskussion führte Heinrich Roth den Begriff der Kompetenz als zentrale didaktische Kategorie bereits 1971 ein. Er definierte das Bildungsziel Mündigkeit als „freie Verfügbarkeit über die eigenen Kräfte und Fähigkeiten für jeweils neue Initiativen und Aufgaben" (Roth 1971, S. 180). In diesem Sinne ist Mündigkeit Kompetenz, „und zwar in einem dreifachen Sinne", so Heinrich Roth, „als *Selbstkompetenz* ..., d. h. als Fähigkeit für sich selbst verantwortlich handeln zu können, b) als *Sachkompetenz*, d. h. als Fähigkeit für Sachbereiche urteils- und handlungsfähig und damit zuständig sein zu können, und c) als *Sozialkompetenz*, d. h. als Fähigkeit, für sozial, gesellschaftlich und politisch relevante Sach- oder Sozialbereiche urteils- und handlungsfähig und also ebenfalls zuständig sein zu können" (ebenda, S. 180). Bedeutsam für die gegenwärtige Diskussion ist an dieser Definition zweierlei:

Erstens zielt der Kompetenzbegriff auf die verantwortliche Handlungsfähigkeit des Individuums, Kompetenz zeigt sich damit in Lebenssituationen.

Zweitens erfuhren die zentralen Begriffe Selbst-, Sach- und soziale Kompetenz in den letzten Jahren eine Renaissance, wobei der Begriff Methodenkompetenz ergänzt, präziser: aus dem Bereich der Sachkompetenz ausgegliedert wurde, um sie besonders in Augenschein zu nehmen.

Im Zusammenhang der aktuellen Bildungsdiskussion wurde der Kompetenzbegriff wieder aufgegriffen. Franz Weinert empfahl auch mit Hinweis auf internationale Leistungsuntersuchungen, den Kompetenzbegriff als zentralen Begriff für „Erträge des schulischen Unterrichts" zu verwenden (Weinert 2001, S. 28). Auf seine Definition wird seitdem vielfach zurückgegriffen: „Dabei versteht man unter Kompetenzen die bei Individuen verfügbaren oder durch sie erlernbaren kognitiven Fähigkeiten und Fertigkeiten, um bestimmte Probleme zu lösen, sowie die damit verbundenen motivationalen, volitionalen (d. h. gewollten, H. B.) und sozialen Bereitschaften und Fähigkeiten, um die Problemlösungen in variablen Situationen erfolgreich und verantwortungsvoll nutzen zu können" (ebenda, S. 27f.).

Kompetenzen sind mithin der Gegenentwurf zu traditionellen Zielen und Inhalten von Unterricht. Dort geht es um einzelne inhaltlich festgelegte Fähigkeiten, um konkrete Kenntnisse, die möglichst abrufbar erlernt werden sollten. Hier geht es um Handlungsfähigkeit in komplexen Situationen.

Bedeutsame Bestimmungsstücke für die didaktische Kategorie Kompetenz sind deshalb:

– der Handlungsbezug für komplexe Lebenssituationen in und außerhalb der Schule

- die Fähigkeit, vorhandene Fähigkeiten, Fertigkeiten, Kenntnisse, Strategien, Arbeitsweisen auf erfolgreiches und verantwortliches Handeln in der konkreten Situation zu beziehen
- das Zusammenspiel dieser Fähigkeiten, Fertigkeiten, Kenntnisse, Strategien, Arbeitsweisen, um die Situation zu meistern.

Kompetentes Handeln heißt also: Fähigkeiten und Fertigkeiten, Kenntnisse und Strategien, Einstellungen und Verantwortlichkeiten aktivieren, die zur sachgerechten und verantwortlichen Lösung einer komplexen lebenspraktischen Aufgabe nötig sind. Kompetenzen sind die Dispositionen, die solcherart kompetentes Handeln möglich machen.

Auf die Lesekompetenz bezogen:
1. Lesekompetenz realisiert sich in Situationen, in denen Leser als aktive Leser etwas lesen wollen, in Ernstsituationen des Lesens also.
2. Lesekompetente Leser aktivieren dabei alle für den Leseakt notwendigen Komponenten, sie handeln also eigenaktiv und in Bezug auf ihr Wissen, ihre Fähigkeiten, ihre Interessen integrativ.

Didaktisch bedeutsam ist die Frage, wie Lesekompetenz entsteht und gefördert werden kann. Hierzu gibt der Berichtsband PISA 2000 zwei widersprüchliche Antworten, die zugleich für unterschiedliche Konzepte von Kompetenz und ihre Förderung stehen:
- Die eine Antwort lautet: „Neben der Vermittlung von Wegen zur Erschließung von Textbedeutung sind die Entwicklung von Lesefreude und Leseinteresse sowie die Etablierung von leseförderlichen Haltungen und Gewohnheiten ein weiterer zentraler Faktor zur Förderung von Lesekompetenz" (ebenda, S. 77).
- Eine Seite vorher wird eine andere Antwort gegeben: „Vorrangige Aufgabe der Grundschule ist die erfolgreiche Vermittlung der Techniken des Lesens und Schreibens. Aufgabe der Sekundarstufe I ist die Förderung von Lesekompetenz im Sinne einer effektiven Informationsverarbeitung (Leseverständnis) und der Vermittlung von Werteinstellungen, motivationalen Orientierungen und Gewohnheiten, die einen selbstverständlichen und lustvollen Umgang mit Texten und Literatur widerspiegeln" (ebenda, S. 76)

In der zweiten Antwort wird ein Teilaspekt von Lesekompetenz als Vorläuferfähigkeit herausgelöst und der Grundschule zugewiesen: die Vermittlung der Techniken des Lesens und Schreibens.

In der ersten Antwort wird dagegen die Förderung *von* Lesekompetenz als Förderung *der* Lesekompetenz verstanden: es geht um den aktiven Leser von Anfang an. Lesekompetenz ist hier Weg und Ziel der Förderung.

Abgesehen von der Merkwürdigkeit, dass in der Veröffentlichung in einem Kapitel undiskutiert zwei gegensätzliche Konzepte gefordert werden, sind dies zwei Konzepte, die sich in den derzeitigen Förderansätzen und –materialien wiederfinden: Förderung von isolierten Teilfähigkeiten oder Förderung des Ganzen auf jeweils ansteigendem Niveau.

Aus der Leseforschung ist bekannt, wie wichtig die elterliche Lesepraxis und die frühen Erfahrungen mit Büchern für die weitere Lesekarriere sind. Die Erfahrung, dass Lesen und Schreiben wichtige Funktionen im Lebensalltag haben, indem erwachsene Vorbilder dies täglich zeigen und dann auch im eigenen Alltag erlebbar machen, dies vermittelt und stärkt bei Kindern die guten Gründe, sich der Beschwerlichkeit des Lesen- und Schreibenlernens zu unterziehen. Kinder aus lesefernen Milieus haben bei Schuleintritt oft solche guten Gründe nicht. Sie müssen erst durch Schreib- und Lese-, einschließlich der Vorlesesituationen in der Grundschule geschaffen werden. Die isolierte Förderung von Teilfähigkeiten, wie „Techniken des Lesens", ist deshalb wenig erfolgversprechend, weil vielen Kindern die guten Gründe dafür fehlen. Sie enthält den Kindern nun weiterhin die Begründung vor, warum sie die Techniken lernen sollen; damit wird ihre Eigenaktivität beim individuellen Weg in die Schrift kaum angesprochen.

Ein anderes Beispiel: Kinder wollen über ihr Lieblingstier Informationen gewinnen, sie ziehen dazu Sachtexte heran, halten mit Hilfe der gewonnenen Informationen Vorträge über ihr Tier oder gestalten eine Karte für die Tierkartei. Wenn so das Teilziel „Informationen aus Texten gewinnen" geübt wird, dann ist es eingebettet in einen lesemotivierenden Unterricht, die Informationen werden gebraucht – für sich selber und für die Präsentation. Es ist ein Lese-Ernstfall.

Sollen die Kinder aber an einem beliebigen Text das Teilziel „Informationen gewinnen" üben, ohne motivationale und interessengebundene Einbettung, ohne Funktion im eigenen Lebensalltag, dann werden die geistigen und emotionalen Kräfte im Kind kaum im möglichen Maße freigesetzt. Dies gilt umso mehr, je schwächer Lesemotivation und -erfahrung bei den Kindern entwickelt sind. Die Informationen liegen im Text nämlich nicht einfach zur Entnahme bereit, wie es die frühere Definition vom „Lesen als Sinnentnahme" verstand, vielmehr steuern das individuelle Interesse und das Vorwissen, wie man liest und was man aus einem Text herausliest. Es werden solche Informationen gewonnen, die für die eigene Fragestellung, das eigene Interesse gebraucht werden, sie werden miteinander verknüpft und schließen auf Grund des eigenen Vorwissens Informationslücken. Dabei spielen Einstellungen und Kenntnisse über die Textsorte, die Fachsprache ebenso eine Rolle wie Einstellungen und Kenntnisse zum jeweiligen Sachbereich. Hohe Bedeutung haben dabei Lesestrategien, also Methoden des Textumgangs, z. B. das überfliegende, orientierende Lesen, das gliedernde Lesen, das Erkennen der Textstruktur, der Schlüsselbegriffe, die Vermutung, was im Text als nächstes folgen mag usw.

Das Resümee dieser Überlegungen ist: Für das Lesen bedarf es von Anfang an sinnstiftender Situationen, eben des Ernstfalls Lesen. Dabei wird herausgefordert, was beim Kind an Lesekompetenz bereits entwickelt ist, und seine Lesekompetenz wird im Weiteren gestärkt und ausgebaut.

Was für die Lesekompetenz gilt, das gilt für alle sprachlichen Kompetenzen.
Kompetenzen sind mithin Fähigkeiten zum sprachlichen Handeln in der Gegenwart der Kinder, die zugleich tragfähige Grundlagen für den weiteren Bildungsgang schaffen:
- um eigene Lebenssituationen besser zu bewältigen und die eigenen Lebenswelterfahrungen zu erweitern
- um Lebenssituationen in sozialen Zusammenhängen zu gestalten und die eigenen Möglichkeiten durch die Auseinandersetzung mit anderen zu erweitern
- um an kultureller Tradition und kultureller Praxis teilzuhaben.

An den Verben bewältigen, erweitern, gestalten, teilhaben wird deutlich, dass der Umgang mit der Sprache ein eigenaktiver und handelnder Prozess ist.

Auf einen Begriff verkürzt: Deutschdidaktik, die sprachliche Kompetenzen entwickelt und stärkt, ist eine *Didaktik des sprachliches Handelns*.

Dies ist keine erst von PISA oder IGLU angestoßene didaktische Wende im Deutschunterricht, sondern eine Entwicklung, die in den siebziger Jahren des vorigen Jahrhunderts mit der kommunikativen Wende des Deutschunterrichts begonnen hatte und sich dann weiter ergänzte und differenzierte (zur didaktischen Entwicklung siehe Bartnitzky 2007 a). Mit dem Terminus Kompetenz hat die Didaktik des sprachlichen Handelns nun einen weiteren treffenden Begriff gefunden.

Sie wird bestimmt von fünf Prinzipien:

1. *Kompetenzentwicklung*: Alle Kinder haben bereits Sprachkompetenzen, wenn sie in die Schule kommen – in mündlicher Verständigung, in Sprachstrukturen, in Sprechstrategien, in der Deutung nicht-sprachlicher Verständigung, in der Mediennutzung, oft auch im Zugang zur Schriftsprache, bisweilen bereits im Umgang mit mehreren Sprachen. Die Kompetenzen besitzen die Kinder zwar individuell auf verschiedenen Niveaus, aber es sind immer Sprachhandlungskompetenzen, mit denen sie im bisherigen Lebensalltag zurecht kamen. Die vorhandenen Kompetenzen müssen wahrgenommen und herausgefordert werden. Ihre Weiterentwicklung ist der zentrale Auftrag des Deutschunterrichts (und als Sprachprinzip auch Aufgabe aller anderen Fächer).
2. *Situationsbezug*: Damit Kinder ihre Kompetenzen nutzen, bedarf es der herausfordernden Situationen. Sie müssen so gewählt sein, dass sie für die Kinder funktional sind, also Sinn stiften, authentisch sprachlich zu agieren. Dies gelingt besonders, wenn der Unterricht für das Kind zum Ernstfall wird: Es will etwas schreiben, etwas lesen, etwas anderen mitteilen, etwas präsentieren, etwas üben, um es dann besser zu können.
3. *Sozialbezug*: Sozialbezug ist eine grundlegende Bedingung, damit Kinder sich überhaupt entwickeln können. Im engeren schulischen Rahmen sind Sozialbezüge bedeutsam, die anregende und akzeptierende Geselligkeit her-

stellen, die das Leben und Lernen als gemeinsame Aufgabe verstehen, die Vorbild und Muster für elaboriertes Sprechen, für Lesen und Schreiben als lebenswichtige Tätigkeiten, für Nachdenklichkeit vermitteln. Viele konkrete Situationen entstehen in solchen generell modulierten sozialen Bezügen, z. B. wenn Kinder zur Vorleserunde zusammenkommen, wenn sie zu zweit einen Text mit dem Computer schreiben, wenn sie gemeinsam einen Arbeitsschritt planen, wenn sie eine Schreibkonferenz durchführen.

4. *Bedeutsamkeit der Inhalte*: Sprachliches Handeln ist auf bedeutsame Inhalte gerichtet, wenn nicht lediglich verbaler Aktivismus gefördert werden soll. Bedeutsam können Inhalte sein, die von den Kindern subjektiv als wichtig erlebt werden (wie das Schreiben einer Ich-Botschaft, die Klärung eines Streits, Themen wie Dinosaurier, Pferde, Indianer), bedeutsam sind aber auch Inhalte, die als Schlüsselthemen objektiv für Gegenwart und Zukunft wichtig sind (wie Frieden als Aufgabe, Erhalt der natürlichen Lebensgrundlagen, Umgang mit Medien). Diese objektiv bedeutsamen Inhalte müssen in der Wahrnehmung der Kinder subjektiv bedeutsam werden, um mit ihnen zu lernen. Hierzu zählt auch die Teilhabe an der kulturellen Welt.

5. *Sprachbewusstheit*: Zur Sprachkompetenz gehört der eigenverantwortliche Umgang mit Sprache. Dies erfordert die Fähigkeit, sich über Sprachhandeln miteinander zu verständigen, selber sein Sprachhandeln zu planen, zu steuern, zu reflektieren und dabei Einsichten in die Konstruktion Sprache, „in den Bau der Sprache", zu gewinnen. Hierzu gehören auch Methoden und Arbeitsweisen mit deren Hilfe Kinder sprachhandeln und Sprache untersuchen, wie Ideencluster, Textplanungen, Methoden der Textüberarbeitung, Schreibkonferenz, Lesetagebuch, Methoden wie Sätze erweitern, Wörter ersetzen, Wörter und Sätze bilden ...

Damit setzt sich der kompetenzbezogene Deutschunterricht mit seiner Didaktik des sprachlichen Handelns deutlich von anderen Konzepten ab, wie sie im Grundschulalltag heute auch zu finden sind und gestützt werden durch ältere und aktuelle Arbeitsmaterialien:

– Kompetenzbezogener Unterricht folgt nicht einem Teilfähigkeitskonzept, in dem einzelne Ziele oder Aufgabenbereiche isoliert von sinnstiftenden Zusammenhängen im Zentrum des Unterrichts stehen.
  Negative Beispiele sind:
  das Verständnis von Lesenlernen als Erlernen einer Lesetechnik, unabhängig von lesemotivierenden Maßnahmen, von der Berücksichtigung individueller Leseinteressen, also ohne Einbettung in eine Lese- und Schreibkultur in der Klasse; die Arbeit mit und an Rechtschreibwörtern und –regelungen, unabhängig vom übrigen Schreibunterricht; die Erarbeitung der Satzglieder als grammatikalisches Wissen ohne Bezug zu Sprachhandlungssituationen.

– Kompetenzbezogener Unterricht ist kein Unterricht, der überwiegend lehrerzentrierter Unterricht ist und dem Sprachhandeln der Kinder, dem eigenaktiven Sprachforschen kaum Raum gibt.

Negative Beispiele sind:
ein strikt buchorientierter Unterricht oder ein falsch verstandener Werkstattunterricht mit vorgegebenen Arbeitsblättern, in dem die Arbeitsaufgaben oder Arbeitsblätter abgearbeitet werden, in dem die Lehrkraft allein über Themen, Texte, Arbeitsweisen entscheidet, ohne dass die Kinder im thematischen Rahmen über die Bearbeitung mitentscheiden können; ein Unterricht, der keine Methoden und Arbeitsweisen vermittelt, mit deren Hilfe die Kinder eigenständig arbeiten und auch üben können.

– Kompetenzbezogener Unterricht ist kein Unterricht, der nicht den individuellen Kompetenzniveaus der Kinder und ihren individuellen Interessen Rechnung trägt.

Negative Beispiele sind:
ein Anfangsunterricht, in dem die Progression der Buchstabeneinführung den Erstleseunterricht bestimmt ohne Rücksicht auf die unterschiedlichen Entwicklungsstände der Kinder; ein Leseunterricht, in dem alle Kinder immer dieselben Texte lesen, ohne Rücksicht auf die individuellen Leseinteressen der Kinder, ein Aufsatzunterricht, in dem alle Kinder dieselben Aufsatzthemen bearbeiten, ohne die vielfältigen Möglichkeiten individuellen und freien Schreibens zu nutzen.

– Kompetenzbezogener Unterricht ist aber auch kein Unterricht, der Kinder im individualisierten Arbeiten vereinzelt und das Sozialprinzip vernachlässigt.

Negative Beispiele sind:
ein Unterricht, in dem die Kinder durchgängig individuell Arbeitskarten, Kopiervorlagen, Förderhefte, Materialien bearbeiten; ein Unterricht, in dem sich das soziale Handeln der Kinder auf Helferprinzip oder Expertensystem beschränkt.

Kompetenzbezogener Deutschunterricht fordert die vorhandenen Kompetenzen der Kinder heraus, stärkt und erweitert sie. Kompetenzen bestimmen in der Didaktik sprachlichen Handelns die Lernwege und die Ziele am Ende des Bildungsgangs. Damit setzt sich dieses Verständnis von Kompetenzbezug ab von dem Output- oder Outcome-Verständnis.

	Kompetenzen als Zielgrößen (als Ergebnis, als „Output")	Kompetenzen als Arbeitsperspektive
Definition	Die späteren Anforderungssituationen definieren die Kompetenzen.	Die Ansprüche der Kinder an ihr Selbstständiger-Werden und an Lernen als Selbstaneignung der Welt definieren die Kompetenzen.
Funktion des Unterrichts	Kompetenzen sind das Ziel des Unterrichts. Der Unterricht dient dem sukzessiven Erwerb von Teilkompetenzen.	Unterricht greift die Kompetenzen der Kinder auf und entwickelt sie weiter.
Individualisierung	Kompetenzen sind einheitliche Zielgrößen, die mehr oder weniger ausgeprägt erreicht werden.	Kompetenzen realisieren sich bei den Kindern individuell; eine Kompetenz ist immer in einer Bandbreite von Niveaus erwerbbar.
Evaluierung	Kompetenzen können intern wie extern evaluiert werden. Evaluierung ist nicht Bestandteil des Lernprozesses sondern ermittelt dessen Ergebnisse.	Kompetenzen können durch Beobachtung, durch Gespräche über Lernwege und Arbeitsergebnisse (Lerngespräch, Schreibkonferenz …), durch Formen der Leistungsdokumentation (Lesetagebuch, Präsentation, Portfolio …) festgestellt. Diese Evaluierung ist Teil des Lernprozesses.

3. Bildungsstandards und neue Lehrpläne

Die „Bildungsstandards im Fach Deutsch für den Primarbereich" wurden von der Kultusministerkonferenz im Oktober 2004 beschlossen. Der Frage soll nun nachgegangen werden, inwieweit diese Bildungsstandards und in der Folge die landesbezogenen Pläne die didaktisch bedeutsame Absicht einlösen: Kompetenzen als zentrale Bezugsgröße ihrer Inhalts- und Zielbeschreibungen zu Grunde zu legen.

Die Bildungsstandards Deutsch/Primarbereich der KMK

Die Veröffentlichung der „Bildungsstandards im Fach Deutsch für den Primarbereich (Jahrgangsstufe 4)", wie der ausführliche Titel lautet, besteht aus zwei Teilen (Kultusministerkonferenz 2005 b): aus dem eigentlichen *Text zu den Bildungsstandards* (Seiten 6 bis 13) und aus *kommentierten Aufgabenbeispielen*, die zur „Konkretisierung und Illustration der Standards" dienen sollen, bezogen auf das Ende der Klasse 4 (Seiten 14 bis 63).

Der Kompetenzbegriff: Zwar fehlt der Kompetenzbegriff im Titel, doch wird gleich in den Anfangssätzen auf ihn abgezielt. Grundlegende Bildung sei Basis für weiterführendes Lernen und für die Fähigkeit zur selbstständigen Kulturaneignung. „Dabei ist die Förderung der sprachlichen Kompetenzen ein wesentlicher Bestandteil dieses Bildungsauftrags" (ebenda, S. 6) Und weiter: Dies diene dazu, dass die Schülerinnen und Schüler „in gegenwärtigen und zukünftigen Lebenssituationen handlungsfähig sind". Damit sind mit Lebenssituationen und Handlungsfähigkeit zentrale Aspekte des Kompetenzbegriffs genannt.

Dass Kompetenzen nicht erst am Ende der Grundschulzeit sich aus zuvor erworbenen Teilfähigkeiten zusammenfügen, sondern von Anfang der Grundschulzeit an aktiviert, erworben, gestärkt und weiterentwickelt werden, also neben der Ziel- auch die entscheidende Prozessqualität haben, wird auf derselben Seite ausgeführt: „In lebensnahen und kindgemäßen Situationen und an bedeutsamen Inhalten entwickeln die Schülerinnen und Schüler die Fähigkeit, geschriebene und gesprochene Sprache situationsangemessen, sachgemäß, partnerbezogen und zielgerichtet zu gebrauchen." Dann folgt wie als Ergänzung der entscheidende Begriff: „Sprachhandlungskompetenz". Sie umfasse eben auch das Nachdenken über Sprache, also die Förderung der Sprachbewusstheit.

Die emotionale Dimension, also Motivation, Freude, Interesse, wird als entscheidende Basis für selbstständiges Lernen und Sprachhandeln formuliert: „Sie (die Schülerinnen und Schüler) erfahren Freude an der eigenen Textproduktion und die Bedeutung der Schriftsprache für sich und andere als Mittel zur Kommunikation, zur Information und zum Ausdruck ... Sie entwickeln Interesse daran, sich anhand von Texten selbstständig Weltwissen anzueignen" (ebenda, S. 7). Der Umgang mit der Sprache müsse für die Kinder als sinnvoll erfahren werden, damit sich ihr sprachliches Handeln begründe: „Das sinnvolle sprachliche Handeln der Schülerinnen und Schüler und der sorgfältige und angemessene Umgang mit Sprache stehen im Mittelpunkt." Damit werden die Aktivitäten der Kinder gebunden mit dem Anspruch der Fachlichkeit, ein wohl auch deutliches Votum gegen jeglichen Aktivismus, in dem die Kinder aktiv irgendetwas tun unter Vernachlässigung fachbezogener Ansprüche.

Kompetenzbereiche und Integration: Als Kompetenzbereiche des Faches werden die vier üblichen Fachbereiche ausgewiesen, in der Terminologie des KMK-Textes: „Sprechen und Zuhören", „Schreiben", „Lesen – mit Texten und Medien umgehen", „Sprache und Sprachgebrauch untersuchen". Hinzu kommt ein Kompetenzbereich, der in früheren Plänen nicht gesondert ausgewiesen war: „Methoden und Arbeitstechniken". Die Anordnung dieser Bereiche sowie der Kontext verdeutlichen, dass trotz der traditionellen Bereichsgliederung ein integrierender Deutschunterricht gemeint ist:

Sprechen und Zuhören	Schreiben	Lesen – mit Texten und Medien umgehen
• zu anderen sprechen • verstehend zuhören • Gespräche führen • szenisch spielen • über Lernen sprechen	• über Schreibfertigkeiten verfügen • richtig schreiben • Texte planen • Texte schreiben • Texte überarbeiten	• über Lesefähigkeiten verfügen • über Leseerfahrungen verfügen • Texte erschließen • Texte präsentieren

Methoden und Arbeitstechniken
Methoden und Arbeitstechniken werden jeweils in Zusammenhang mit den Inhalten jedes einzelnen Kompetenzbereichs erworben.

Sprache und Sprachgebrauch untersuchen
• grundlegende sprachliche Strukturen und Begriffe kennen
• sprachliche Verständigung untersuchen
• an Wörtern, Sätzen, Texten arbeiten
• Gemeinsamkeiten und Unterschiede von Sprachen entdecken

(Kultusministerkonferenz 2005 b, S. 7)

Die Kompetenzbereiche sind nicht mit Inhaltskatalogen sondern mit Kompetenz-Formulierungen auf konkreterer Ebene gefüllt; Kinder können sie auf verschiedenen Niveaus erfüllen. Zumeist wurden dabei Handlungsverben gewählt, die eigenaktives Sprachhandeln der Schülerinnen und Schüler kennzeichnen (sprechen, zuhören, planen, schreiben, überarbeiten, erschließen, präsentieren, untersuchen, arbeiten an ..., entdecken).
In der Anordnung sind drei Aspekte auffällig:
– Der in der öffentlichen Wahrnehmung besonders beachtete Teilbereich Rechtschreiben ist als Fähigkeit zum *Richtigschreiben* in den Kompetenzbereich *Schreiben* integriert. Damit wird deutlich, dass Rechtschreibunterricht nicht isoliert von den Schreibgelegenheiten und der Schreibförderung zu organisieren ist, zum Beispiel durch Abarbeiten diverser Rechtschreibfälle in einem eigenen kursartig gestalteten Rechtschreibunterricht. Vielmehr ist das Richtigschreiben eine Teilfunktion der Kompetenz Schreiben. Da dies nicht nur für das Ergebnis, sondern auch für den Prozess gilt, heißt das: Im Zentrum steht das eigene Schreiben der Kinder, ihre schreibhäufigen und fehleranfälligen Wörter sind Ausgangspunkt der weiteren, auch individuellen Rechtschreibarbeit.
Ein Beispiel: Beim Thema „Im Verkehr" sprechen und schreiben Kinder von ihren Erfahrungen, dabei spielen Wörter wie fahren und Fahrrad eine Rolle. Die Kinder üben die Wörter rechtschriftlich mit eingeführten Übungsmethoden, zum Beispiel, wie man schwierige Stellen im Wort ermittelt und sie sich

besonders einprägen kann. Im Vergleich der Wörter finden sie Gemeinsames heraus: den gleichen Wortstamm und ergänzen weitere Wörter zur Wortfamilie fahren. Die Methode: verwandte Wörter finden, die Arbeitsweise: den Wortstamm einkreisen, die Regelung: Gleichschreibung des Wortstamms lernen die Kinder hier exemplarisch, übertragen das Gelernte auf andere Wörter.

– Der Kompetenzbereich *Sprache und Sprachgebrauch untersuchen* liegt quer zu den anderen drei Bereichen. Dies hat seinen Grund darin, dass er kein von den oberen drei Kompetenzbereichen abgesetzter eigener vierter Bereich ist, sondern sich vielmehr in allen drei oberen Bereichen realisiert. Er ist die integrierte Ebene der Metakommunikation im Mündlichen, im Schriftlichen und im Textumgang.

Ein Beispiel: Die Kinder arbeiten an Textentwürfen, stellen die immer gleichförmigen Satzanfänge fest. Sie probieren, die Sätze umzustellen, finden Möglichkeiten, erwerben dabei ein Gespür und ein Wissen um Satzglieder. Die sprachlich wichtige Umstellprobe ist damit als eine Methode der Sprachuntersuchung gewonnen, zugleich als eine Methode der Textüberarbeitung.

– Im o. a. zweidimensionalen Schaubild liegt über den traditionellen Kompetenzbereichen, also quasi in der dritten Dimension, der Kasten mit dem Kompetenzbereich *Methoden und Arbeitstechniken*: die Methodenkompetenz. Sie wird in jedem einzelnen Kompetenzbereich gefördert und hat die zentrale Aufgabe, die Kinder selbstständiger zu machen. Im jeweiligen Unterricht, bezogen auf die konkrete Arbeitsaufgabe, erwerben die Kinder nach Möglichkeit nicht nur den entsprechenden fachlichen Inhalt, die dazu nötigen Kenntnisse, die einzelne Fähigkeit, sondern zugleich die Methode, mit der sie dies alles erarbeiten. Die Methode ist transferierbar auf nachfolgende Aufgaben ähnlicher Art. Damit ist der Lerngewinn nicht an die einzelne Aufgabe gebunden, sondern zugleich auf Nachhaltigkeit hin aus, unabhängig von der konkreten Aufgabenstellung.

Zwei Beispiele: Kinder lernen, wie sie mit Hilfe von Ideensammlungen oder Mindmaps Ideen für Geschichten generieren können; sie lernen bei Sachtexten vorab Fragen zu formulieren, um dann im Text die Antworten zu finden und entsprechende Textstellen zu markieren.

Direkt im Anschluss an das o.a. Schaubild wird auf die Integration ausdrücklich verwiesen: „Die Kompetenzbereiche sind im Sinne eines integrativen Deutschunterrichts aufeinander bezogen" (ebenda, S. 8).

Die im Text folgenden Ausführungen konkretisieren diese Überlegungen, bezogen auf die Kompetenzbereiche, weiter. Am Ende dieses Teils befindet sich eine Übersicht über grundlegende sprachliche Strukturen und Begriffe.

Grundlegende sprachliche Strukturen und Begriffe		
Es geht hier in erster Linie um die mit Begriffen und Strukturen gemeinten Kategorien. Die Bezeichnungen dafür können unterschiedlich sein.		
Wort	Buchstabe, Laut, Selbstlaut, Mitlaut, Umlaut, Silbe, Alphabet	
	Wortfamilie, Wortstamm, Wortbaustein Wortfeld Wortart	
	Nomen: Einzahl, Mehrzahl, Fall, Geschlecht	
	Verb: Grundform, gebeugte Form Zeitformen: Gegenwart, Vergangenheitsformen	
	Artikel: bestimmter Artikel, unbestimmter Artikel	
	Adjektiv: Grundform, Vergleichsstufen	
	Pronomen	
	andere Wörter (alle hier nicht kategorisierten Wörter gehören zu dieser Restkategorie)	
Satz	Satzzeichen: Punkt, Komma, Fragezeichen, Ausrufezeichen, Doppelpunkt, Redezeichen Satzart: Aussage-, Frage-, Ausrufesatz wörtliche Rede	
	Subjekt	
	Prädikat/Satzkern	
	Ergänzungen: Satzglied; einteilige, mehrteilige Ergänzung	
	Vergangenheit, Gegenwart, Zukunft (als Zeitstufen)	

(ebenda, S. 14)

Diese Zusammenstellung ist die einzige Vorgabe an konkreten Kenntnissen in den Bildungsstandards Deutsch. Sie bezieht sich auf das Ziel im Kompetenzbereich Sprache und Sprachgebrauch untersuchen: grundlegende sprachliche Strukturen und Begriffe kennen. Auch wenn im Text nicht weiter erläutert wird, wie die Strukturen und Begriffe gewonnen und verwendet werden, kann dies im übrigen Kontext nur heißen: Sie werden beim Untersuchen von Sprache in den entsprechenden Verwendungszusammenhängen integrativ als Arbeitsbegriffe gewonnen, eingeführt und genutzt. Sieht man die Begriffe durch, dann ist auch auffällig, dass die Zusammenstellung pragmatisch aus den Verwendungssituationen der Grundschularbeit gewonnen wurde, nicht aber als grammatische Systematik gedacht ist: Beim Nomen wird zwar der Fallbegriff verwendet, nicht aber die explizite Unterscheidung von vier Fällen. Es werden die auffälligen, flektierbaren Wortarten genannt, alle anderen aber einer Restkategorie „andere Wörter" zugewiesen. Beim Verb wird die ungebräuchliche Zeitform Futur ausgelassen, Präteritum, Perfekt, Plusquamperfekt werden summarisch als Vergangenheitsformen gekennzeichnet. Für den Satz wird der Satzkern, bzw. das Prädikat und als wichtiges und besonders auffälliges Satzglied das Subjekt aufgeführt, alle anderen Satzglieder werden mit der allgemeinen Bezeichnung Ergänzung belegt. Grammatikalisches Wissen wird hier also kompetenzgerecht als Gebrauchswissen verstanden.

Aufgabenbeispiele und interne Evaluation: An die Darstellung der Kompetenzbereiche und Standards schließt ein umfangreicher Teil mit elf Aufgabenbeispielen an. Zu erwarten ist, dass hier an Beispielen vorgestellt wird, wie am Ende ihrer vierjährigen Grundschulzeit die Kinder ihre entwickelten Kompetenzen zeigen können und welche Bandbreite an Kompetenzniveaus dabei möglich ist. Die Aufgabenbeispiele könnten damit Beispiele für interne Evaluation sein, wie sie von den Lehrkräften und auch von den Schülerinnen und Schülern praktiziert werden kann.

Diese Erwartungen werden nicht erfüllt. In den ersten Sätzen dieses Teils werden noch zwei Funktionen der Aufgabenbeispiele genannt: Erstens: sie „dienen der Konkretisierung und Illustration der Standards" und zweitens: sie sind „hinsichtlich der Leistungsanforderungen als Modell geeignet, die Konstruktion vergleichbarer Aufgaben ... anzuleiten" (ebenda, S. 14f.). Die erste Funktion deutet darauf hin, dass sie Beispiele wünschenswerten Unterrichts vorstellen, in dem Kinder kompetenzorientiert arbeiten, die zweite Funktion gibt ihnen die Funktion von Prüfverfahren, sprich Klassenarbeiten.

Im Weiteren wird dann deutlich, dass eigentlich nur die zweite Funktion gemeint ist: „Die Beispielaufgaben stellen keine Lernaufgaben für den Unterricht dar" (ebenda, S. 15). Sie sind vielmehr testähnliche Klausuren in einem engen Verständnis von Prüfsituationen, in den Aufgabenstellungen an den externen Evaluationen der internationalen Leistungsstudien PISA oder IGLU und den landesweiten Tests der Vergleichsarbeiten orientiert. Nur in einem Beispiel wird den Kindern die Möglichkeit gegeben, eigene Ideen zu entwickeln und zu verfolgen, nämlich bei der einzigen Aufgabe, die Kinder zum erzählenden Schreiben anregt (ebenda Beispiel 10, S. 56f.). Alle anderen Beispiele sind darauf hin konzipiert, dass eine bestimmte Lösung oder bestimmte Lösungsvarianten von den Kindern gefunden werden, vermutlich, damit die Ergebnisse miteinander direkt vergleichbar sein sollen.

Das Klausurverständnis von Prüfsituationen spiegelt sich auch in den „Leistungserwartungen", die jedes Beispiel abschließen. Hier wird deutlich, dass es für alle Schülerinnen und Schüler um eine gemeinsame Zielmarkierung geht.

Die Aufgaben selber sind in der Regel so umfangreich, dass schwächere Kinder kaum die Chance haben, ihre Kompetenzen angemessen zu zeigen. Zum Beispiel besteht das erste Beispiel aus vier verschiedenen Texten zum Thema Schlafen (ebenda, S. 18). Die Kinder müssen, um die Aufgaben lösen zu können, alle Texte verstanden haben, um dann gezielt den Text, der zur Aufgabenlösung beiträgt, heranziehen zu können. Damit lässt das Aufgabenbeispiel nicht die Möglichkeit zu, im unteren Leistungsbereich vorhandene Leistungen zu ermitteln oder gar zu würdigen. Damit entfallen auch alle Chancen, Hinweise auf weitere Fördermöglichkeiten zu erhalten.

Die Kompetenzbereiche finden sich in sehr unterschiedlicher Gewichtung wieder: in fünf von elf Beispielen geht es um Sachtexte, um das Lesen und (eingeschränkt) Schreiben (Beispiele 1, 2, 3, 4, 6), in zwei um die Mündlichkeit (4, 5) in drei um Rechtschreiben (7, 8, 9), in zwei um das Lesen eines literarischen Textes (10, 11), in einem einzigen um erzählendes Schreiben (10).

Die Beispiele sind als isolierte Prüfsituationen gefasst. Unterrichtliche Zusammenhänge werden nicht hergestellt, damit wird auf die Entwicklung von Sinnhaftigkeit für die Kinder verzichtet. Instrumente der Dokumentation individueller Kompetenzen, wie sie die moderne Grundschulpädagogik entwickelt hat, fehlen, wie Lern- und Lesetagebücher, Beratungen mit Kindern, Portfolios, sie fehlen vermutlich, weil sie nicht in das Konzept extern gesetzter Klausuren passen.

Die Aufgabenbeispiele folgen mithin dem Kompetenzbegriff des angelsächsischen Literacy-Konzepts, in dem Kompetenzen Zielgrößen sind, die auf spätere Anforderungssituationen vorbereiten („Outcome-Orientierung"). Sie realisieren die meisten Aufgaben im Modus der Aufgabenformate externer Evaluierung und verfehlen damit, was an Kompetenzen bei den jeweiligen Kindern bereits entwickelt ist. Modelle für aussagekräftige interne Evaluierung stellen sie zum größten Teil nicht dar.

Im Kapitel 5 dieses Buches werden angemessenere Möglichkeiten vorgestellt.

Neuere Lehrpläne

Lehrpläne, die im zeitlichen Zusammenhang der KMK-Bildungsstandards Deutsch oder später veröffentlicht wurden, verweisen ausdrücklich auf die Bildungsstandards, wie zum Beispiel der Teilrahmenplan Deutsch im Rahmenplan Grundschule von *Rheinland-Pfalz* von 2005 (Ministerium für Bildung, Frauen und Jugend Rheinland-Pfalz 2005): Er „entspricht im Grundsatz und den Kompetenzen der Teilbereiche den 'Bildungsstandards im Fach Deutsch für die Jahrgangsstufe 4', wie sie von der Kultusministerkonferenz am 15.10.2004 beschlossen wurden" (ebenda, S. 5). Bemerkenswert an diesem Plan sind mehrere Passagen, die den Bezug zur Kompetenzentwicklung präziser und deutlicher herausstellen, als dies in den Bildungsstandards der KMK geschieht:

– Das „Leistungsprofil Deutsch" beschreibt Lernleistungen am Ende der vierjährigen Grundschulzeit als Arbeitsperspekive („als Ansatzpunkte grundlegender Lernprozesse").

- Die Zielvorgaben sind individuell offen: sie sind „nach oben hin offen" und sie sollen „von jedem Kind in dem von ihm leistbaren Grad erreicht werden" (ebenda, S. 9). Die Bandbreite wird also mitgedacht.
- Neben den Zielvorgaben werden in „didaktisch-methodischen Leitvorstellungen" die Prozessqualitäten des kompetenzentwickelnden Deutschunterrichts genannt. Der Unterricht ist „von Anfang an individualisierend, d. h. er respektiert die persönlichen Sprachleistungen der Kinder und entwickelt sie behutsam und zielgerichtet weiter" (ebenda, S. 15). Dann werden wichtige Bedingungen dafür genannt, dass Kinder die Sinnhaftigkeit ihres Lernens erfahren und als eigenständige Lerner verstanden werden. Hier finden sich Stichwörter wie: Interesse und Neugier der Kinder, Mut zum sprachlichen Experimentieren, aktive Beteiligung an Unterrichtsgestaltung und –inhalten, Vermeiden isolierten formalen Übens, themenbezogenes Arbeiten, Zeit für individuelle Lernerfahrungen, individuelle Würdigung der Lernfortschritte (ebenda S. 16), später auch: Selbstevaluation (ebenda S. 20). Überhaupt erstrecke sich „die Zielorientierung nicht nur auf die Lernergebnisse, sondern ebenso auf die Lernprozesse" (ebenda, S. 20).
- Die abschließenden „Qualitätsindikatoren" formulieren, „wie Kinder und Lehrkräfte miteinander einen gelingenden Deutschunterricht gestalten" (ebenda S. 29): Sie beschreiben Qualitätsansprüche an Lernaktivitäten der Kinder wie auch an Lehraktivitäten der Lehrerinnen und Lehrer.

Ähnlich findet sich dies im Rahmenplan Grundschule Deutsch, den die Länder *Berlin, Brandenburg, Bremen und Mecklenburg-Vorpommern* 2004/2005 gemeinsam herausgegeben haben (Ministerium für Bildung, Jugend und Sport Brandenburg u. a. 2004). Bemerkenswert sind hier zwei zusätzliche Aspekte:

- Auf der Zielebene werden die Standards durch die motivationale Ebene ergänzt: bei Sprechen und Zuhören „Interesse an Gesprächen entwickeln", bei Lesen „Leseinteressen entwickeln", beim Schreiben „Schreibinteresse entwickeln" (ebenda S. 25 ff.). Damit wird die Sinnhaftigkeit des Lernens und die Eigenaktivität der Kinder als eine Grundbedingung zur Kompetenzentwicklung auch auf der Zielebene formuliert.
- Im Kapitel „Leistungsermittlung, Leistungsbewertung und Dokumentation" werden im Unterschied zu den Aufgabenbeispielen in den Bildungsstandards Möglichkeiten interner Evaluation durch Lehrkräfte, aber auch durch die Kinder selbst sowie Formen dialogischer Evaluation genannt: Schreibkonferenzen, Lernberatungen, Lesetagebuch, Lesepass, Portfolio, Lerntagebuch, Präsentationen sind einige der Stichwörter (ebenda, S. 34 f.).

In *Niedersachsen* trat zum Schuljahr 2005/2006 das „Kerncurriculum für die Grundschule Deutsch" in Kraft (Niedersächsisches Kultusministerium 2004). Es bezieht sich ebenfalls ausdrücklich auf die KMK Bildungsstandards und verwendet „Kompetenzen" als zentralen Begriff.

Allerdings fällt bei diesem Plan auf, dass hier die beiden verschiedenen Kompetenzbegriffe benutzt werden – unterschiedlich in den allgemeinen Teilen und im fachspezifischen Teil Deutsch.

Im überfachlichen Teil: „Allgemeine Informationen zu den niedersächsischen Kerncurrricula" werden Anforderungssituationen auch nach der Schule als Ziel des Kompetenzerwerbs verstanden. Ein wesentlicher Bereich seien dabei Wissen, sowie die Kenntnis und Anwendung fachbezogener Verfahren (ebenda, S. 5f.). Prozessbezogene Kompetenzen sind danach die Verfahren, Lernmethoden, Lernstrategien, die „verstanden und beherrscht werden sollen". Solchermaßen rigide vom Ergebnis her wird „outcome "-orientiert formuliert. Prozessbezogene Kompetenzen im Sinne eigenaktiver Handlungen, die Sinnhaftigkeit des individuellen Tuns, überhaupt das Kind als Subjekt seines Lernens, diese Qualität von Kompetenzen spielen hier keine Rolle. Diese ergebnisorientierte Sichtweise wird in der Einleitung zu Kapitel 5 „Leistungsfeststellung und Leistungsbewertung" fortgeführt. Zu unterscheiden seien die Aufgaben, die im Unterricht den Schülerinnen und Schülern „ausreichend Gelegenheiten" böten, „Problemlösungen zu erproben", von den „Überprüfungssituationen" als „Kompetenznachweis" (ebenda, S. 30). Damit wird die gedankliche Konstruktion der Aufgabenbeispiele aus den Bildungsstandards übernommen. Die interne Überprüfung der Leistungsergebnisse orientiert sich an den externen Evaluationen, die losgelöst vom konkreten Unterricht das Vorhandensein oder Nichtvorhandensein von Kompetenzen überprüfen sollen.

Anders der übrige fachspezifische Text. Hier werden zwar die „erwarteten Kompetenzen" formuliert, angelehnt an die KMK Bildungsstandards, aber mit „Überprüfungsmöglichkeiten" ergänzt, die sich auf die Prozesse und die selbstständige Arbeit der Kinder beziehen, eingeschlossen die Nennung schülerbezogener und dialogischer Formen der Kompetenzwürdigung wie Portfolio, Buchvorstellung, Präsentation oder Lesetagebuch (ebenda, S. 13ff.). Sinnhaftigkeit des Lernens und die Eigenaktivitäten werden besonders hervorgehoben: „Für das Sprachlernen sind angeleitete und selbstbestimmte Lernformen, die zum Sprachhandeln herausfordern, besonders geeignet und wirkungsvoll ... Eine anregende und strukturierte Lernumgebung unterstützt die Schülerinnen und Schüler dabei, ihre Lernprozesse zunehmend selbstständig zu steuern und zu organisieren" (ebenda, S. 9).

Neuere Bildungspläne, die vor den Bildungsstandards der KMK verfasst und verabschiedet wurden, nutzen nur zum Teil den Kompetenzbegriff.

– Der Lehrplan Deutsch für die *bayerische Grundschule* (Bayerisches Staatsministerium für Unterricht und Kultus 2000) verwendet nicht den Kompetenzbegriff, formuliert in seinen „Hinweisen zum Unterricht" aber entsprechende Merkmale eines handlungsorientierten Sprachunterrichts: „Zur Festigung und Erweiterung der Sprachhandlungsfähigkeit und zur geistigen Durchdringung von Zusammenhängen ist die Verknüpfung und Integration sowohl der Lernbereiche des Deutschunterrichts als auch der einzelnen Inhaltsbereiche in jedem Lernbereich unerlässlich ... Ein an der sprachlichen Entwicklung der Schüler orientiertes Vorgehen im Deutschunterricht kann im Besonderen durch offene Unterrichtsformen mit individuellen Lernangeboten verwirklicht werden. Sie ermöglichen ein selbstständiges, produktives und rezeptives Sprachhandeln und tragen zum Erwerb und zur Anwendung fachspezifischer Arbeitsweisen und Lerntechniken bei" (ebenda, S. 28). Allerdings wird ein solcherart handlungsorientiertes Konzept erschwert durch die Fülle der Inhalte und Zielsetzungen, zum Beispiel durch die detaillierte Aufzählung verpflichtender Rechtschreibstrategien und Rechtschreibphänomene oder durch Wörterlisten eines umfangreichen verpflichtenden Grundwortschatzes für die Klassen 1/2 und die Klassen 3/4.

– Der Lehrplan Deutsch in *Nordrhein-Westfalen* (Ministerium für Schule, Jugend und Kinder Nordrhein-Westfalen 2008) ist ausdrücklich als kompetenzorientiert formuliert. Wie in den Bildungsstandards der KMK sind die Bereiche, ihre Aufgaben und Ziele als Kompetenzbereiche ausgewiesen. Für das Ende der Klasse 2 und das Ende der Klasse 4 sind die Ziele als Kompetenzerwartungen formuliert. Sie sind so offen beschrieben, dass sie auf verschiedenen Niveaus erreichbar sind. In ihrer Formulierung wird in vielen Fällen deutlich, dass sie auf Situationen abzielen, in denen Kinder erworbene Kenntnisse und Fähigkeiten, Strategien und eigenverantwortliches Handeln aktivieren. Zum Beispiel sind Kompetenzerwartungen im Bereich Sprechen und Zuhören: „Die Schülerinnen und Schüler diskutieren gemeinsam Anliegen und Konflikte und suchen nach Lösungen" oder: sie „sprechen über Lernerfahrungen und unterstützen andere in ihrem Lernprozess".

– Der Bildungsplan Grundschule des Landes *Baden-Württemberg* (Ministerium für Kultus, Jugend, Sport Baden-Württemberg 2004) verwendet die Kernbegriffe Bildungsstandards und Kompetenzen, ohne auf die seinerzeit noch nicht erschienen Bildungsstandards der KMK zu verweisen. Wichtige Aspekte des prozessbezogenen Kompetenzbegriffs finden sich in den Ausführungen aber wieder: Zum Beispiel soll der Deutschunterricht dafür sorgen, „dass sie (die Kinder) sich von Anfang an als kompetent und erfolgreich erleben können." Nur so ließe sich eine lebenslange positive Lese- und Schreibhaltung aufbauen (ebenda, S. 32). Oder an anderer Stelle: „Für das Lesen und Schreiben gilt ebenfalls, dass es die Kinder am besten dann lernen, wenn es für sie persönlich bedeutsam wird" (ebenda, S. 35).

4. Zentrale Kompetenziele

Der Deutschunterricht in der Grundschule orientiert sich an den folgenden zentralen Kompetenzzielen. Aus Gründen der Praktikabilität sind sie auf die herkömmlichen Bereiche bezogen: Mündlichkeit, Schriftlichkeit, Text- und

Medienumgang, Sprachreflexion. Die Kompetenzen entsprechen jeweils einer Leitidee. Die Fähigkeiten, Fertigkeiten und Kenntnisse, die Strategien und Arbeitsweisen, die in den Handlungssituationen aktiviert und entwickelt werden, sind gesondert ausgewiesen.

Grundlage der Zusammenstellung sind die Bildungsstandards der KMK, die neueren Lehrpläne sowie der aktuelle Stand der Deutschdidaktik als Didaktik des sprachlichen Handelns (siehe Bartnitzky 2007 a).

Mündlichkeit
Leitidee:
Zur Entwicklung einer Kultur des verständigen und verantwortlichen Miteinandersprechens beitragen und sie praktizieren

Gespräch in der Gruppe

Die Kinder sprechen auf die Inhalte und die Gesprächsteilnehmer bezogen verständig und verantwortlich miteinander und hören entsprechend einander zu:
- Sie kommunizieren verständig und verantwortlich fair, d. h. sie nehmen Äußerungen anderer verständnis- und respektvoll entgegen, äußern sich selbst verständlich und den Zuhörenden zugewandt.
- Sie beachten grundlegende, alle Gesprächsteilnehmer verpflichtende Regeln und arbeiten an der Entwicklung solcher Regeln mit.
- Sie realisieren dies in verschiedenen Redesituationen: beim Erzählen, beim sachbezogenen Sprechen, bei der Klärung von gemeinsamen Angelegenheiten und Konflikten.
- Sie verwenden Medien, die Gesprochenes reproduzierbar machen, insbesondere Tonaufnahmen.

Im Einzelnen:

Kompetenzen	Integrierte Fähigkeiten, Fertigkeiten und Kenntnisse, Strategien und Arbeitsweisen
Alltäglich miteinander sprechen • In den Situationen des Schullebens und des Unterrichts verständnisvoll und verantwortlich miteinander sprechen • Sprachkonventionen in Standardssituationen beachten, wie bei der Begrüßung, bei Entschuldigungen, bei der Bitte um Hilfe • Gesprächsregeln für kleine und größere Teilnehmergruppen beachten und gegebenenfalls neu fassen	Zu den Sprechakten • beim Erzählen: mitteilen, erzählen, anknüpfen, nachfragen, ausgestalten • beim sachbezogenen Sprechen: informieren, beschreiben, erklären, vermuten, nachfragen, Fragen beantworten • beim demokratischen Sprechen: begründen, argumentieren, nachfragen, sich vereinbaren
Erzählen • Erlebnisbezogen und fabulierend unterhaltsam erzählen • Gesellig erzählen	Zu den Sprachmitteln • Ideenfelder entwickeln, strukturieren, verwenden • Wortfelder füllen, strukturieren, verwenden • Redepläne entwickeln mit Redekarten, Erzählkarten o.ä. und sich beim Sprechen davon leiten lassen • Kommunikative Mittel in Spielsituationen erproben, erkennen, wiederholt anwenden, auf andere Situationen übertragen
Sachbezogen sprechen • Über einen Sachverhalt sachlich klar und für die Zuhörer verständlich informieren • Einen Vortrag sachlich kompetent, verständlich und für die Zuhörer motivierend gestalten	
Demokratisch miteinander sprechen • Ergebnisoffene Gespräche über Situationen ihres Alltags, über Sachinhalte, Leseerfahrungen, Sinnfragen miteinander führen • Über Klassenleben und Unterricht Meinungen und Argumente fair austauschen und am Ende mitentscheiden • In geregelten Formen wie Konferenzen oder Klassenrat, in formalisierten Sprechsituationen nach den Regeln und in den Ritualen sprechen und zuhören	Zur Sprechweise • Die Lehrerin oder den Lehrer als Sprachvorbild wahrnehmen (was diese wiederum verpflichtet, dies auch zu sein) • Sprechsituationen öffentlicher Rede nutzen, wie tägliche Tagesansage oder Vortrag von Ergebnissen • Sich den Zuhörern zuwenden – innerlich, körperlich, sprachlich • In Vortragstexten Pausen und Kernwörter markieren, Vorträge üben • Bei Sachvorträgen frei zu Stichwörtern reden, die Inhalte visualisieren durch Bilder oder Gegenstände
Szenisch spielen • Texte allein oder mit anderen gemeinsam gestaltend vortragen • In Rollenspielen Handlungsmöglichkeiten erproben • Fiktive Situationen spielen und dabei mit fiktiven Möglichkeiten experimentieren • Theaterspiel von der Textidee bis zur Aufführung mitentwickeln	Zur Mediennutzung • Mit Mikrofon und Aufnahmegerät umgehen
Medien nutzen • Möglichkeiten praktizieren, Gesprochenes festzuhalten und zu reproduzieren, z.B. mit Tonaufnahmen bei Interviews, zur Eigenkontrolle bei Vorträgen	
Metakommunikativ miteinander sprechen • Redesituationen miteinander klären mit dem Ziel des verständigen und verantwortlichen Miteinandersprechens • Aktiv zuhören, förderliche Rückmeldungen zur Sache und zur Person geben • Regeln einhalten, erproben, reflektieren, gegebenenfalls verändern	

Zentrale Kompetenzziele

Schriftlichkeit

Leitidee:

Zur Entwicklung einer Schreibkultur als Teil der schulischen Lese-Schreib-Kultur beitragen und sie praktizieren

Kind mit Ich-Buch

Die Kinder schreiben auf die Inhalte, auf ihre Schreibabsichten sowie die jeweils möglichen Leserinnen und Leser bezogen verständig und verständlich:

- Sie haben oder erwerben gute Gründe zu schreiben, insbesondere durch reale Leserinnen und Leser, durch Schreibprojekte.
- Sie nutzen jeweils die schriftbezogenen Mittel, die ihnen bis dahin zur Verfügung stehen.
- Sie schreiben in unterschiedlichen Schreibsituationen mit verschiedenen Textsorten (narrative, sachbezogene, appellative und poetische Texte) sowie mit jeweils spezifischen Gestaltungsmittel, einschließlich der Möglichkeiten des Computers.
- Sie können über Schreibabsichten, über Schreiben und über Geschriebenes nachdenken und sich beraten.

Im Einzelnen:

Kompetenzen	Integrierte Fähigkeiten, Fertigkeiten und Kenntnisse, Strategien und Arbeitsweisen
Alltäglich schreiben • Schreibsituationen im Alltag erkennen und nutzen als Schreiben für sich und Schreiben für andere, z.B. Aufschreiben von Notizen, von Fragen, Anregungen, Beschwerden, Führen eines Lerntagebuchs, Schreiben von Briefen • Schreibkonventionen beachten wie Verständlichkeit in Schrift und Inhalt, Grußformeln bei Briefen, Rubriken in Formularen u.a. **Erzählen** • Nachvollziehbar erzählen • Unter gestalterischen Gesichtspunkten ausgeformt erzählen, wie Erzählstruktur, Wortwahl und sprachliche Wendungen, wörtliche Rede **Sachbezogen schreiben** • Über einen Sachverhalt, eine Meinung verständlich informieren • Textsortenbezogene Schreibkonventionen erkennen und beachten wie bei Tischreitern zu Ausstellungen, bei Rezepten, Spielregeln, Buchtipps, Formularen • Denkschreiben im Sinne von Gedanken verschriften und beim Schreiben denken **Appellativ schreiben** • Leserinnen und Leser anregen, etwas zu tun, z.B. mit der Formulierung von Eingaben für den Klassenrat, von Regeln, Einladungen, schriftlich fixierten Vereinbarungen **Poetisch schreiben** • Sich durch Literatur zum Schreiben anregen lassen, z.B. zu eigenen Märchen, eigenen Episoden zu einem Kinderbuch • nach strukturellen Vorgaben schreiben, z.B. Gedichte wie Elfchen oder Haiku, mit Methoden wie Zeilenbrechen **Mit Medien gestalten** • eigene Texte mit dem Computer schreiben und gestalten • in Projekten verschiedene Medien als Textträger verwenden und mediengerecht gestalten, z.B. bei einer Klassenzeitung, einem Buch mit eigenen Geschichten oder Gedichten **Über Schreiben und Geschriebenes nachdenken** • Schreibsituationen und Schreibziele klären, Texte planen • Über Inhalt, Sprache und Form eines Textes nachdenken und entscheiden • Sich über Texte miteinander beraten, zum Beispiel in Schreibgesprächen, in Schreibkonferenzen • Texte überarbeiten • Sich für freies Schreiben entscheiden und über die Verwendung der Texte verfügen	**Zu den Werkzeugen für das Schreiben** • zu Anfang eine Schreibtabelle (Anlauttabelle) und eine Liste wichtiger Wörter nutzen • Ideenfelder, Erzählschritte, Wortfelder entwickeln und beim Schreiben verwenden • Sprachlich „schöne" Wendungen sammeln und beim Schreiben verwenden • Sprachliche Operationen durchführen: weglassen, ergänzen, ersetzen, umstellen • Druckschrift als Ausgangsschrift erwerben, die eigene Handschrift entwickeln, formklar und zügig schreiben **Zu den Schreibakten und Schreibmodi** • Beim Erzählen: verständlich schreiben, wörtliche Rede nutzen, qualifizierende Adjektive verwenden, Eröffnungs- und Schlusssätze aus der Kinderliteratur sammeln und sich beim eigenen Schreiben dadurch anregen lassen • Beim sachbezogenen Schreiben: einen Vorgang zeichnerisch-sprachlich festhalten, andere über ein Geschehen, ein Ereignis möglichst kurz aber mit allen nötigen Informationen informieren, eigene Gedanken verschriften • Beim appellativen Schreiben: Schreib- und Gestaltungsmuster in Texten untersuchen und selber anwenden, z.B. bei Einladungen, bei Regeln oder Vereinbarungen, auf Plakaten • Beim poetischen Schreiben: Vorbilder und Strukturen verwenden **Zur Mediennutzung** • Den Computer als Schreibwerkzeug nutzen **Zum normgerechten Rechtschreiben** • Rechtschreibstrategien verwenden (lautorientiert, alphabetisch, zunehmend normgerecht schreiben) • Wörter des Gebrauchswortschatzes mit Übungsmethoden üben wie in vier Schritten abschreiben, Wörter strukturieren, Texte kontrollieren und korrigieren, nachschlagen • Wörter als Modellwortschatz nutzen, z.B. morphematische Strukturen nutzen, Wörter flektieren, häufige Wortbausteine richtig schreiben

Text- und Medienumgang

Leitidee:

Zur Entwicklung einer Lesekultur als Teil der schulischen Lese-Schreib-Kultur beitragen und sie praktizieren

Kinder lesen sich gegenseitig vor

Die Kinder lesen verstehend und mit Gewinn.
- Sie haben oder erwerben gute Gründe zu lesen, insbesondere weil sie etwas Neues aus dem Text erfahren, bzw. weil sie das Lesen als genussvolle Tätigkeit erleben.
- Sie lesen Texte unterschiedlicher Sorten: Erzähl- und Sachtexte, Gedichte, Rätsel, Witze, Dialoge, Comics, kurze Texte sowie längere Texte der Kinderliteratur, lineare und nicht-lineare Texte.
- Sie kommunizieren miteinander über das Lesen, über Gelesenes und über die Präsentation von Texten.
- Sie verwenden neben gedruckten auch andere Medien wie Fotos, Hörbücher, Filme sowie das Internet.

Im Einzelnen:

(Anmerkung: Ich wähle im Folgenden den Begriff Rezipieren, weil damit die Verstehensweisen in Bezug auf alle Medien gemeint sind; allerdings hat das Lesen weiterhin eine bevorzugte Stellung.)

Kompetenzen	Integrierte Fähigkeiten, Fertigkeiten und Kenntnisse, Strategien und Arbeitsweisen
Rezeptionsmodi: *Selbstvergessen rezipieren* • Interessebezogen lesen • Frei lesen, dabei schulisches und häusliches Lesen miteinander verbinden *Informierend rezipieren* • In thematischen Zusammenhängen Bücher und andere Medien zur Sachinformation nutzen • Zu eigenen Interessegebieten sich durch Rezipieren sachkundiger machen *Interpretieren* • Handlungsverläufe und Handlungsweisen antizipieren • Sich in handelnde Personen und in Situationen hineinversetzen, den Wechsel von Sichtweisen mitvollziehen, darüber mit anderen kommunizieren • Handlungen und Handlungsweisen mit eigenen Erfahrungen und mit gewünschten Erfahrungen vermitteln, abgleichen und darüber mit anderen kommunizieren • Handlungen und Handlungsweisen bewerten, Bewertungen begründen und darüber mit anderen kommunizieren *Über Textrezeption miteinander nachdenken* • Texte über Textverstehen schreiben, z.B. in einem Lesetagebuch, in Büchertipps • Texte kritisch rezipieren: bezogen auf die gewollten und möglichen Intentionen, die Textstruktur, die medienspezifischen Gestaltungweisen	**Erstlesen:** Funktionen von Schrift nutzen • Für Kinder wichtige Funktionen des Schreibens für Leser nutzen, z.B. für Notizen, für Ich-Botschaften, in Schreibprojekten • Für Kinder wichtige Funktionen des Lesens nutzen, z.B. zur Unterhaltung, zur Information, zur Erinnerung • Schrift in der Umwelt in verschiedenen Funktionen wahrnehmen Struktur der Buchstabenschrift erkennen • Die Lautebene der Sprache bewusst erfahren, Wörter durchlautieren, sich und andere beim Lautieren beobachten • Wörter auditiv und visuell abtasten • Elementare Beziehungen zwischen Lauten und Buchstaben kennen und für das Schreiben nutzen • Abweichungen von der elementaren Zuordnung kennen und nutzen • Normierte Schreibweisen individuell wichtiger Wörter kennen und nutzen • Leseerwartungen entwickeln - auf der Buchstaben-, der Wort- und Satzebene
Medien: *Mediale Zusammenhänge erkennen* • Durchschauen, wie Medien produziert und verbreitet werden, insbesondere aktuelle Fernsehproduktionen und Filme für Kinder, Zeitungen, Lokalfunk • Kriterien gewinnen, wie man selber selbstbewusst Medien nutzen kann *Medien gemeinsam mit anderen gestalten* • Eigene Texte mediengerecht präsentieren • Eigene Texte über Medien verbreiten, z.B. als Zeitung, als Buch, auf Plakaten, auf einer Homepage • Medienöffentlichkeit herstellen, z.B. durch Präsentation, durch Autorenlesung	**Weiterführendes Lesen:** Mit Leseerwartungen lesen • Auf der Satz- und Textebene Fortsetzungen antizipieren • Über Leseerwartungen miteinander kommunizieren • Durch Lesefragen die Leseerwartung richten Geläufiger lesen • Das Lesefeld erweitern • Sinntragende Wörter in Texten ausmachen, sich darüber austauschen • Überfliegend und selektiv lesen

Sprachreflexion

Leitidee:

Über das Sprachhandeln im Mündlichen, Schriftlichen und im Textumgang auf der Metaebene miteinander kommunizieren und dabei zu Einsichten über die Sprachverwendung und über sprachliche Gegebenheiten, Regelhaftigkeiten, Besonderheiten und den verantwortlichen Umgang mit der Sprache gelangen

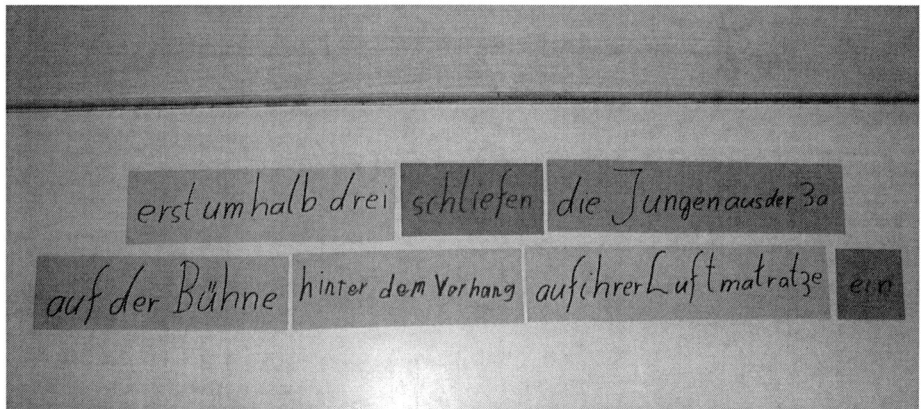

Satzgrammatik – Legebeispiel

Die Kinder denken über das Sprachhandeln und die Sprache als System nach.

- Sie gewinnen einen distanzierten Blick auf ihr Sprachhandeln und auf Sprache als Gegenstand des Nachdenkens.
- Sie beziehen das jeweils Erkannte zurück auf konkretes Sprachhandeln und auf sprachliche Gegebenheiten.
- Sie erwerben dabei sprachbezogene Methoden und grundlegende Begriffe als Arbeitsbegriffe für die Verständigung.

Im Einzelnen:

(Anmerkung: Im Folgenden werden zunächst nur stichwortartig die metakommunikativen Kompetenzen genannt, die bei den zuvor dargestellten Bereichen integrativ zu finden sind. Daran schließen sich ausführlicher die Kompetenzen zur Wort- und Satzgrammatik an, die ebenfalls integrative Bezüge haben, aber auch als eigener Kompetenzbereich im Sinne von „Einsicht in den Bau von Sprache" gelten können.)

Kompetenzen	Integrierte Fähigkeiten, Fertigkeiten und Kenntnisse, Strategien und Arbeitsweisen
Metakommunikation im Sprachhandeln: Mündlichkeit • Metakommunikativ sprechen • Sprechakte klären • Sprachmittel klären • Verbale und nicht-verbale Zeichen, auch im Zusammenspiel, klären Schriftlichkeit • Über Schreiben und Geschriebenes nachdenken • Schreibakte und Schreibmodi klären • Sprachmittel klären • Selbstständig Rechtschreiben üben Textumgang • Über Textrezeption nachdenken • Leseerwartungen und Leseerfahrungen formulieren • Lesetechniken bewusst verwenden • Die Vielfalt der Sprachvarianten entdecken • Verbale und nicht-verbale Zeichen, auch im Zusammenspiel, klären **Grammatik auf der Wortebene:** Wörter zerlegen, Wörter bilden, Strukturen erkennen • Beziehungen zwischen Lauten und Buchstaben erkennen • Verwandte Wörter finden, Wortstämme und Wortbausteine identifizieren • Mit Wortstämmen und Wortbausteinen operieren, damit Wörter bilden und umbilden, Strukturen erkennen Wörter sammeln und ordnen • Wörter alphabetisch ordnen und in alphabetischen Ordnungen Wörter rasch finden • Wortfelder sammeln und strukturieren • Verwandte Wörter sammeln und strukturieren • Kategorien für Wörter kennen und Wörter einordnen: Nomen mit Begleiter, Verb, Adjektiv, Pronomen als Stellvertreter, Restkategorie andere Wörter **Grammatik auf der Satzebene:** Sätze erkennen, mit Sätzen experimentieren • Texte in Sätzen gliedern, Satzschlusszeichen setzen • Sätze vom Satzkern (Prädikat) aus erweitern, • Verschiedene Arten von Satzergänzungen unterscheiden • Satzglieder umstellen, ersetzen, weglassen und über die Wirkungen nachdenken • Sätze experimentell intonieren und über die Wirkungen nachdenken • Satzarten unterscheiden Sprachliche Mittel in Texten entdecken und nutzen • Durch Umstellen, Ersetzen, Erweitern, Weglassen Sätze und Texte verändern • Zeitstufen erkennen • Redeabsichten durch Satzzeichen verdeutlichen, im Mündlichen durch Intonation	**Auf der Laut- und Wortebene:** • mit Sprech- und Singversen, Zungenbrechern u.a., mit anderen Sprachen lustvoll umgehen, mit Laut- und Laut-Buchstaben-Elementen spielen • die Struktur der Buchstabenschrift für das Rechtschreiben nutzen • Kategorien erarbeiten und anwenden: Laut, Buchstabe, Wortstamm, Wortbaustein; Verb mit Grundform und Personalformen, mit den Zeitformen Gegenwartsform, Zukunftsform, Vergangenheitsformen; Nomen mit Artikel, Einzahl und Mehrzahl; Adjektiv mit Vergleichsformen; Pronomen als Stellvertreter • Verwandte Wörter finden, Wortstamm identifizieren • Wortfelder füllen, weite Wortfelder inhaltlich strukturieren **Auf der Satzebene:** • Schreibspiele, Frage-Antwort-Spiele usw. durchführen • Sprachproben nutzen: ersetzen, einfügen, weglassen, umstellen, den Klang erproben • Kategorien erarbeiten und anwenden: Satzkern (Prädikat); Ergänzungen mit dem Fragewort kennzeichnen, z.B. Wem-Ergänzung, Wo-Ergänzung; Subjekt als besondere Ergänzung; Zeitstufen: Gegenwart, Zukunft und Vergangenheit • Satzarten durch Intonation unterscheiden: Erzählsatz, Fragesatz, Ausrufesatz **Auf der Textebene:** • Redemuster erkennen und verwenden • Eigene Texte mit Hilfe der Sprachproben optimieren • Geschichten erfinden und spielerisch mit Texten umgehen • Kategorien erarbeiten und anwenden: Text, Sprecher/in, Hörer/in, Situation, Sprache, Kommunikation

5. Leistungsfeststellung und Leistungsbewertungen von Kompetenzen

Die eben ausgeführten Kompetenzziele und die individuellen Entwicklungen geben die Leistungsaspekte zur Feststellung und Bewertung der Leistungen vor. Dabei geht es um folgende Fragen:
– Welche Kompetenzen besitzt das einzelne Kind und auf welchem Niveau, auf welchem Entwicklungsstand sind sie?
– Welche der integrierten Fähigkeiten, Fertigkeiten und Kenntnisse, der Strategien und Arbeitsweisen nutzt das Kind, um Arbeitsziele zu erreichen und auf welchem Niveau, welchem Entwicklungsstand sind sie?
– Welche weiteren Entwicklungsperspektiven sind hieraus auch gemeinsam mit dem Kind zu gewinnen?

Die Leistungsfeststellung und -bewertung bedürfen eigentlich keiner gesonderten Prüfsituation, vielmehr zeigen Kinder ihre Kompetenzen, ihre Fähigkeiten und Strategien in der täglichen Arbeit. Sie sind beobachtbar und zum Teil an den Arbeitsdokumenten sichtbar. Dennoch ist es zweckmäßig, auch Prüfsituationen außerhalb des aktuellen Unterrichts zu arrangieren, weil dadurch die Diagnosesicherheit gestärkt wird und die Kinder lernen, auch solche Situationen zu bewältigen. Im Deutschunterricht sind dazu in allen Bundesländern Klassenarbeiten, zumeist zum Textschreiben und zum Rechtschreiben, verbindlich vorgeschrieben. Die traditionellen Formate Klassenaufsätze und -diktate müssen aber daraufhin geprüft werden, inwieweit sie kompetenzrelevant, also angemessen und aussagekräftig sind. Neue Formate, wie Selbstbewertungen und Portfolios, müssen in den Blick kommen wie auch standardisierte Tests, die den Vergleich mit Schülerinnen und Schülern des gleichen Schuljahrgangs erlauben. (Die folgenden Beispiele stammen zum größten Teil aus den Heften Deutsch in: Bartnitzky/ Brügelmann u. a. 2005 und 2006.)

Aufsätze / Schriftlichkeit

Im traditionellen Klassenaufsatz erhalten die Kinder ein Thema und schreiben einen Text, so wie sie es zuvor bei ähnlichen Themen geübt haben. In einem kompetenzorientierten Schreibunterricht klären die Kinder ihre Schreibabsichten, bezogen auf die Verwendungssituation des Textes, planen den Text und verwenden beim Schreiben Kenntnisse, Strategien und Arbeitsweisen, die sie bisher erarbeitet haben; sie lassen sich durch andere beraten und überarbeiten gegebenenfalls ihren Text. Die Schreibaufgabe, das Thema, taucht nicht unvermittelt auf, sondern ist für die Kinder begründet – sei es durch ein miteinander geplantes Schreibprojekt, durch individuelle Themenwahl, durch den vorangegangenen Unterricht.

Der Rahmen ist also ungleich komplexer als beim traditionellen Klassenaufsatz. Er kann für einen Klassenaufsatz auch enger gezogen werden, z. B. indem die

Beratung und Überarbeitung entfallen. Nur muss das bei der Würdigung der Ergebnisse und bei der Einordnung in den Kompetenzstand des Kindes berücksichtigt werden: Wichtige Aspekte der Schreibkompetenz fehlen dann in dieser Leistungsaussage.

Beispiel Erzähltext Märchen: In einer Unterrichtseinheit zum Thema "Märchen" wurden Märchen erzählt, gelesen, Märchenbücher angesehen und ausgestellt, Märchenwörter und märchenhafte Wendungen gesammelt, Märchendinge gesammelt und ausgestellt, Märchen im Schuhkarton-Theater gespielt, ein Märchenlexikon mit Titeln, Namen, Orten, Märchendingen entwickelt. Erarbeitet wurde, was das Besondere an Märchen ist. In Schachteln wurden auf Kärtchen mit Wörtern oder Bildern gesammelt: Märchenanfänge, Märchenpersonen, Märchenorte, Märchendinge. Aus den Schachteln konnten die Kinder Kärtchen ziehen und damit neue Märchen erfinden und erzählen. Für ein Märchenbuch der Klasse schrieben die Kinder nun eigene Märchen. Als Kompetenzniveau konnte erwartet werden:

– Mit Hilfe der Kärtchen wird das eigene Märchen geplant.
– Der Text ist verständlich.
– Die erarbeiteten und geübten Strukturmerkmale von Märchen sind berücksichtigt, märchenhafte Wendungen werden verwendet.
– Der Text hat keine erheblichen sprachlichen Mängel in Bezug auf die Bildung der Wörter und der Sätze.

Als Mindestniveau wurde festgelegt: Der Text ist verständlich und im großen Ganzen sprachlich korrekt. An einzelnen Strukturmerkmalen ist er als Märchen erkennbar.

Beispiel Wiesentexte: In einer fächerübergreifenden Unterrichtsreihe arbeiteten die Kinder zum Thema „Wiese". Ein ungemähtes Wiesenstück in Schulhofnähe diente der Langzeitbeobachtung. Im Mittelpunkt des Interesses stand die Beschäftigung mit den verschiedenen Wiesenbewohnern, hier haben Expertengruppen besonders über Ameisen, Schnecken, Maulwürfe, Bienen gearbeitet. Einige Gedichte zum Thema Wiese und Wiesenbewohner wurden illustriert, musikalisch ausgedeutet, pantomimisch gestaltet. Erlebnisse und Erfahrungen zum Beispiel von Picknickfahrten, mit dem Heuschnupfen, bei der Heuernte im Bauernhof-Urlaub wurden ausgetauscht. Ergebnisse dieser Arbeiten wurden in der Klasse vorgestellt, auf Wandzeitungen dokumentiert.

Für eigene Texte der Kinder sollten nun Ideen gesammelt werden: „Worüber ich schreiben könnte". An jedem Gruppentisch wurden mit der Cluster-Methode Ideen entwickelt: In der Mitte des Plakats stand das Kernwort „Wiese". Die Kinder am Tisch schrieben an der Stelle, wo sie saßen, Assoziationen auf, kreisten sie ein und verbanden sie mit dem Kernwort. Ohne miteinander zu sprechen, gingen sie im Kreis einen Platz weiter, lasen, was das Kind zuvor geschrieben hatte und konnten es durch weitere Ideen ergänzen. Nach Abschluss der Gruppenarbeit wurden die Plakate in der Klasse ausgehängt. Die Kinder konnten nun alle Plakate lesen und sich für einen eigenen Text anregen lassen. Es entstanden vom Thema, von der Textsorte, vom Umfang her unterschiedliche Schreibaufgaben und Texte: Erzähltexte, informierende Texte, Gedankentexte.

Als Kompetenzniveau konnte erwartet werden:
– Das Kind entwickelt selbstständig seine Textidee.
– Die Textidee bezieht sich deutlich auf den thematischen Rahmen.
– Der Text setzt in diesem Rahmen die eigene Idee stringent um.

Diese offener gehaltenen Erwartungen konnten auf verschiedenen Niveaus sprachlicher und gestalterischer Art erreicht werden.

Entwurf und Überarbeitung: Zur Leistungsfeststellung und -bewertung werden sowohl die Entwürfe als auch die Überarbeitungen nach Beratung im Schreibgespräch oder der Schreibkonferenz herangezogen. Für die Lehrkraft vermitteln die Texte aus diesen verschiedenen Phasen des Schreibens wichtige Einblicke in den Schreibprozess der Kinder.

Schreibportfolio: Die aus ihrer Sicht besten Texte können die Kinder in einer selbst gestalteten Mappe oder in einem besonders schönen Heft sammeln. Zum Portfolio, zur individuell aufbereiteten Leistungsmappe, wird die Sammlung, wenn sie durch Erfahrungen des Kindes ergänzt wird. Das jeweilige Kind kann in einem freien Text:
– begründen, warum es gerade diese Texte ausgewählt hat
– berichten, wozu oder für wen die Texte geschrieben wurden, was an den Texten vielleicht auch schwierig war, worauf es besonders stolz ist …

Das Kind resümiert seine bisherigen Erfahrungen durch einen Selbstbewertungsbogen, der als Formular etwa so aussehen kann:

Name:	Klasse:	Datum:

Texte schreiben

Ich über mich:

	😊	😐	😠
Ich habe gute Ideen zum Schreiben.			
Ich plane meine Texte und schreibe sie auf.			
Ich spreche mit anderen über meine Texte und lasse mich beraten.			
Ich überarbeite meine Texte.			
Ich schreibe meine Texte gut lesbar auf.			
Ich kann Texte mit Bildern und Schrift gestalten.			

Das nehme ich mir vor:

Bitte ankreuzen:

Ich habe das Blatt alleine bearbeitet.	Ich habe das Blatt mit meiner Lehrerin bearbeitet.	Ich habe das Blatt zu Hause mit Hilfe bearbeitet.

Beobachtungsbogen: Viele Aspekte der Schreibentwicklung von Kindern sind nur durch Beobachtung feststellbar, zum Beispiel, ob und wie Kinder Schreibgelegenheiten nutzen, Schreibideen selbstständig entwickeln, anderen Kindern begründete Hinweise zur Überarbeitung geben. Nützlich mag hierzu ein Beobachtungsbogen sein, in den die Lehrkraft gelegentlich, mit Datum versehen einträgt, ob der entsprechende Leistungsaspekt teilweise, bzw. mit Hilfe oder schon häufig und selbstständig beim Kind beobachtbar ist.

	Name:	Datum:					
Motivation	nutzt Gelegenheiten zum Schreiben im Schulalltag						
	lässt sich zum Schreiben anregen (z.B. durch Bildimpulse, durch kreative Formen, durch Wortfelder, durch literarische Texte,...)						
	entwickelt selbständig Schreibideen						
	plant, schreibt und überarbeitet Texte mit Ausdauer						
Schreibentwicklung	schreibt verständliche Texte						
	schreibt Texte, die der jeweiligen Schreibaufgabe entsprechen : - *Texte, die Erlebtes oder Erfundenes erzählen*						
	- *Texte, die über Sachverhalte informieren*						
	- *Vereinbarungen, Aufrufe, Aufforderungen,...*						
	- *poetische Texte*						
	berücksichtigt die erarbeiteten textbezogenen Kriterien						
	berücksichtigt Hinweise bei der Überarbeitung eigener Texte						
	gibt anderen Kindern begründete Hinweise zur Überarbeitung (z.B. in der Schreibkonferenz)						
	gestaltet ausgewählte Texte für die bekannten Präsentationsformen (Wanderbuch, Wandzeitung, Leporello,...)						
Strategien	nutzt die bekannten Planungshilfen (Ideenfeld, Cluster, Erzählwörter, Erzählkarten,...)						
	schreibt Textentwürfe zweizeilig und nutzt die Möglichkeit der gleichzeitigen Überarbeitung						
	nutzt die bekannten Methoden beim Überarbeiten: weglassen, umstellen, ersetzen, erweitern						

o= teilweise, mit Hilfe / + = häufig, selbständig

Einzelne Fähigkeiten: Teilfähigkeiten, Kenntnisse, Strategien können gesondert in den Blick genommen werden. Hierzu einige Beispiele, denen allerdings entsprechende Übungen vorangegangen sein müssen:
- Ideensammlung: Zu einem Bildimpuls oder einem Kernwort findet das Kind Ideen.
- Sprachliche Proben: Umstellen: Sätze müssen mehrfach umgestellt werden, in einem Text mit immer gleichem Satzanfang „Und dann" werden die beiden Wörter gestrichen und die Sätze entsprechend umgestellt; Erweitern, z. B.: „Das Monster zeigt beim Lachen seine Zähne" – der Satz soll durch Ergänzungen von Adjektiven lustiger oder gruseliger werden; Ersetzen: In einem Text

wiederholt sich ständig ein bestimmtes Wort, z. B. sagt oder die Frau, das Wort wird durch andere ersetzt, so dass der Text weniger eintönig klingt.
- Verbessern: Ein fehlerhafter oder wenig anschaulicher Text wird vorgegeben, er soll überarbeitet werden, z. B. durch Ändern der Reihenfolge, durch Einbezug von wörtlicher Rede, durch Ausgestaltung mit anschaulichen Einzelheiten.
- Rechtschreiben: Eine Teilfähigkeit beim Textschreiben ist das normgerechte Schreiben. Wegen des besonderen Stellenwertes und der Diktattradition werden hierzu im Folgenden gesonderte Vorschläge gemacht.

Rechtschreiben

Das traditionelle Klassendiktat ist zur Feststellung der Rechtschreibleistungen nur noch in fünf der 16 Bundesländer vorgeschrieben. In den übrigen elf Ländern wird es aber von vielen Lehrkräften ebenfalls genutzt, auch weil Eltern Diktate erwarten. Nach Diktat richtig schreiben, ist aber längst keine sinnvolle Kompetenz mehr, auch weil diese Anforderung aus dem Berufsleben verschwunden ist. Zur Schreibkompetenz gehört, eigene Texte normgerecht zu schreiben und dazu sich der geeigneten Hilfen zu bedienen. Rechtschreiben ist also keine eigenständige Kompetenz sondern eine Teilfähigkeit des Schreibens.

Beobachtungsbogen: Ein Beobachtungsbogen ist für die Feststellung des Entwicklungsstandes der Kinder auch im Rechtschreiben hilfreich. Beobachtungsgrundlage sind die täglichen Schreibgelegenheiten und Texte der Kinder selbst.

Einzelne Fähigkeiten: Teilfähigkeiten, Kenntnisse, einzelne Übungsmethoden oder Rechtschreibstrategien können durch spezifische Arbeiten geübt und im individuellen Lernstand überprüft werden. Hierzu einige Beispiele:
- Abschreiben: Abschreib-Aufgaben ergeben sich täglich funktional wie Hausaufgabennotizen, Schriftgestaltung von Texten; zusätzlich werden die Kinder beobachtet bei den Dosen-, Lauf- oder Schleichdiktaten, beim Diktat in einer Abschreibtasche.
- Nachschlagen: Die Kinder schlagen wichtige Lernwörter der Unterrichtseinheit im Wörterbuch nach, notieren dazu die Seite und das nachfolgende Wort; in eigenen Texten oder in Texten des Partners werden die Schreibweisen mit Hilfe von Wörterlisten oder dem Wörterbuch geprüft; ein Wörterdiktat wird geschrieben, in einer zweiten Phase können die Wörter nachgeschlagen und gegebenenfalls korrigiert werden.
- Kontrollieren und korrigieren: Korrekturen werden mit andersfarbigem Stift vorgenommen, so dass die Leistungen hier erkennbar sind; die Kinder schreiben Übungstexte als Selbst- und Partnerdiktat mit Textvorlage; die Kinder erhalten eine Textvorlage mit fehlerhaft geschriebenen Wörtern, die ihnen aus dem Unterricht gut bekannt sind, Aufgabe ist: Fehler finden und korrigieren.

Leistungsfeststellung und Leistungsbewertungen

	Name:	Datum:					
Motivation	bemüht sich bei eigenen Texten um rechtschriftliche Richtigkeit						
	kontrolliert und korrigiert Texte auf ihre rechtschriftliche Richtigkeit						
	nutzt die im Sprachbuch eingeführten Übungsmethoden selbstständig						
Rechtschreibentwicklung	schreibt häufige Wörter / Merkwörter normgerecht						
	schreibt häufige Wortbausteine und häufig vorkommende Vor- und Nachsilben normgerecht						
	überträgt bekannte Regelungen auf weitere Wörter, z.B. auf verwandte Wörter						
	findet Begründungen für regelhafte Schreibweisen						
	beachtet bekannte Ausnahmeregelungen (z.B.: Vokalverdopplung, Schreibung des V/v,...)						
	schreibt Nomen mit großem Anfangsbuchstaben (Nomenprobe)						
	kennzeichnet das Satzende durch Punkt, Fragezeichen oder Ausrufezeichen						
	kennzeichnet die wörtliche Rede						
	setzt bei Aufzählungen ein Komma als Trennungszeichen						
	schreibt flüssig und formklar						
Strategien	schreibt methodisch sinnvoll ab (Abschreiben in vier Schritten)						
	nutzt die bekannten Methoden beim Schreiben von rechtschreibschwierigen Wörtern :						
	- nutzt die Rechtschreibsprache						
	- trennt lange Wörter in Silben						
	- findet Verlängerungen, z.B.Kind-Kinder, ...						
	- findet Ableitungen, z.B. Baum-Bäume,						
	- findet verwandte Wörter						
	- unterscheidet kurz- und langgesprochene Selbstlaute und nutzt dies in Zweifelsfällen						
	- nutzt das Wörterbuch als Rechtschreibhilfe						

c = teilweise, mit Hilfe / + = häufig, selbständig

– Umgang mit Regelungen: Verwandte Wörter sollen gefunden, der Wortstamm soll eingekreist werden; Rechtschreibgespräche werden über rechtschriftliche Besonderheiten geführt, z. B. warum Fahrrad mit zwei r geschrieben wird, andere Wörter sollen gefunden werden, bei denen das auch so ist; regelmäßig gibt es „harte Brocken", d.h. ein schwieriges Wort wird nach Diktat geschrieben, die Fehlerstellen /schwierigen Stellen werden ausgemacht und Gründe für die Schreibweise gefunden – z. B.: Schiedsrichter, Fahrradsattel; Sammelaufgaben, z. B. sollen zehn verwandte Wörter zu „fahren" gefunden werden, ein Baum – viele Bäume: nach diesem Modell sollen Wörter gefunden werden, bei denen au in der Mehrzahl zu äu wird; Forscheraufgaben werden bearbeitet, z. B.: Wie wird in den meisten Fällen das lang gesprochene -i- geschrieben? Spaß – Schloss: warum schreibt man das eine Wort mit ß, das andere mit ss? endlich – entdecken: wann schreibt man den Wortbaustein end-, und wann ent-? Gefundene Regelmäßigkeiten werden mit einigen Beispielen begründet.

Aus solchen Überprüfungen von Einzelfähigkeiten lassen sich ohne Weiteres auch Klassenarbeiten zusammenstellen, wenn sie schulrechtlich für das Rechtschreiben erforderlich sind.

Rechtschriftlicher Entwicklungsstand: Der individuelle Entwicklungsstand der Kinder von der lautnahen Schreibung (MAIN FATA) zum orthografischen und morphematischen Schreiben (mein Vater) kann durch Betrachtung der Kindertexte, durch das Führen des Beobachtungsbogens ermittelt werden. Hierzu liegt auch ein einfach durchzuführender und auszuwertender standardisierter Test vor: die „Hamburger Schreib-Probe" (HSP) von Peter May, den es für alle Klassenstufen gibt(www.peter-may.de). Noch einfacher ist ein informeller Test: das 9-Wörter-Diktat für die Anfangsklassen und das Wörterrätsel für Fortgeschrittene, die Erika Brinkmann entwickelt hat (siehe die Hefte Deutsch in Bartnitzky/ Brügelmann u. a. 2005, S. 26 ff., 2006, S. 28 f.).

Andere Bereiche

Ebenso können auch in den Bereichen Mündlichkeit, Text- und Medienumgang, Sprachreflexion mit Hilfe der in Kapitel 4 vorgestellten Kompetenzen und Teilfähigkeiten Beobachtungsaspekte und Arbeitsproben gewonnen werden, um Leistungsstand und Lernentwicklung der Kinder festzustellen. Viele Vorschläge hierzu finden sich in Bartnitzky/Brügelmann u. a. (2005 und 2006), jeweils in den Heften Deutsch.

6. Generelle Wege der Kompetenzentwicklung im Fach Deutsch

Erinnert sei an die Festlegungen zu Kompetenzen als zentraler didaktischer Kategorie in Kapitel 2:
– Kompetenzen besitzen Kinder bereits; sie zu aktivieren und zu erweitern, für anspruchsvoller werdende Aufgaben zu differenzieren und zu kräftigen, ist Aufgabe der Schule.
– Kompetenzen zeigen und entwickeln sich in Situationen, in denen Kinder eigenaktiv an für sie bedeutsamen Inhalten handeln.

- Kompetentes Handeln bezieht Fähigkeiten, Fertigkeiten, Kenntnisse, Strategien und Arbeitsweisen ein, die zur Bewältigung der jeweils konkreten Aufgabe nötig sind.
- Kompetenzen sind individuell ausgeprägt.

Damit die Kinder ihre vorhandenen Kompetenzen aktivieren und sie zur Bewältigung neuer Lernaufgaben erweitern, muss der Unterricht bestimmte Bedingungen erfüllen. Mit anderen Worten: Die Kompetenzentwicklung bedarf einer spezifischen Weggestaltung und Streckenführung.

Interesse und gute Gründe

Ihre vorhandenen Kompetenzen aktivieren die Kinder, wenn sie an der Aufgabe interessiert sind, treffender: wenn sie tragende gute Gründe dafür haben, sich auch den Mühen und Anstrengungen bei der Bewältigung der Aufgabe zu unterziehen. Leistungsmotivation, Anstrengungsbereitschaft sind die klassischen psychologischen Begriffe hierfür. Hier seien sie „gute Gründe" genannt, auch im Unterschied zu schlechten Gründen, wie sie zum Beispiel die Zensuren anbieten. Gute Gründe erwachsen aus der Sache, intrinsische Motivation ist der psychologische Begriff.

Beispiel Lesen- und Schreibenlernen: Sehr augenfällig sind die Unterschiede bei den Kindern zum Schulanfang. Die einen schreiben schon lautnah kleine Texte, Briefchen zum Beispiel, haben also das Grundprinzip der elementaren Laut-Buchstaben-Zuordnung erfasst; andere Kinder kennen bereits einzelne Buchstaben und ihren Lautwert, schreiben ihren Namen; wieder andere haben noch keine Beziehung zur Welt der Schrift, grundlegende Fähigkeiten sind noch nicht entwickelt wie die phonetische Bewusstheit, also das Wissen um den Lautcharakter der Sprache, geschweige denn das Wissen um die bereichernden Funktionen, die Schrift und Lesen für die Lebensgestaltung haben. Diese Unterschiede sind wesentlich durch das Milieu bedingt, in dem die Kinder in den Jahren bis Schulbeginn aufgewachsen sind.

In den einen Elternhäusern gehören Lesen und Schreiben zum Alltag: Einkaufszettel werden geschrieben und beim Einkaufen genutzt, in der Fernsehzeitung wird nach interessanten Sendungen gesucht, die Regeln eines neuen Spiels werden erlesen, danach wird Zug um Zug gespielt, die Kinder werden in solche Lese- und Schreibarbeiten jeweils einbezogen; die Erwachsenen lesen selbst in Zeitschriften und Büchern mit Interesse, oft mit Vergnügen; den Kindern wird vorgelesen. Kinder erleben hier erwachsene Lese- und Schreibvorbilder und sie gehen selbst erste Wege in die Schrift. Bei Sprechversen, Kniereitern, Reimen erfahren sie Spaß an der Sprache, orientieren sich hin zum Lautcharakter der Sprache. Erste eigene Schreibversuche, z. B. den Brief an die Oma, den Wunschzettel, werden von den Erwachsenen mit Freude aufgenommen. Viele dieser Kinder haben schon vor Schulbeginn mit ihrem Weg in die Schrift begonnen. In der Schule setzt sich dieser Weg nun fort, wenn die Kinder Schreib- und Leseanregungen bekommen und zum Schreiben mit einer Anlauttabelle ein Werkzeug erhalten, mit dem sie sich beim Schreiben auch neue Laut-Buchstaben-Kombinationen erarbeiten. Sie haben langjährig gefestigte gute Gründe für den eigenen Weg in die Schrift, weil er bereits jetzt Kompetenzerfahrung vermittelt („das kann ich schon") und weil die Kompetenzerweiterung lohnend erscheint („das will ich auch können").

Ganz anders die Vorerfahrungen der Kinder aus schriftfernen Milieus. Ihnen fehlen die grundlegenden Kompetenzen im Umgang mit der Schrift und damit auch die guten Gründe. Sie wissen schon, das nun in der Schule auch Lesen und Schreiben gelernt wird, und gehen möglicherweise mit Eifer an die Arbeit. Doch merken sie rasch, wie mühsam die Arbeit ist, wie wenig ertragreich das Operieren mit zwei oder drei Buchstaben ist, wie viel einfacher denn doch zum Beispiel das Fernsehen ist. Die Anfangsmotivation trägt nicht weit, wenn die guten Gründe fehlen.

In den letzten Jahren wurde neu über die Aufgabe der Kindertagesstätten nachgedacht: Sie müssen auch das ausgleichen helfen, was im häuslichen Milieu der Kinder fehlt. Aber auch, wenn diese Kinder positive Erfahrungen mit Schrift und mit dem Lautcharakter der Sprache in der vorschulischen Einrichtung erworben haben, bleibt ein eklatanter Unterschied im Entwicklungsgang, auch ein Unterschied in der Festigkeit der guten Gründe.

Eine Bedingung für Kompetenz entwickelnden Unterricht ist deshalb, gute Gründe für die ausdauernde Arbeit an einer Lernaufgabe, wie hier dem Lesen- und Schreibenlernen, zu vermitteln.

Führt man jetzt zunächst Buchstaben sukzessive ein, fügt sie zu ersten einfachen Wörtern (M, A, MAMA, O, OMA), dann verkennt das die Verschiedenheit der Kinder in den Vorerfahrungen, wie sie sich in jeder Klasse befinden. Weiter führt die Frage: Welche Wörter oder Texte sind für alle Kinder von besonderer Bedeutung und lassen auch für bisher schriftfern aufgewachsene Kinder eine für sie wichtige Funktion von Schrift erfahren? Mit welchen Wörtern oder Texten können alle Kinder, gleich mit welchen Vorkenntnissen, auch kompetent umgehen? Welche sind zugleich ein Tor für individuelles Weiterlernen? Die eigenen Namen der Kinder sind solche Wörter. Sie werden von den einen Kindern selbstständig geschrieben, andere schreiben sie von ihrem Tischreiter ab und kennzeichnen damit zum Beispiel eigene Arbeiten wie ein erstes Bild: Ich mit Schultüte. Namen können gesammelt werden, manche Namen fangen gleich an, bestimmte Buchstaben und Laute kommen in vielen Namen vor. Die Vokale können mit den Namen erarbeitet werden, sie werden auf den Tischreitern farbig markiert, beim Sprechen werden Lautvarianzen deutlich. Die gefundenen Laute werden in einer Anlauttabelle markiert.

Das Märchen von den Bremer Stadtmusikanten wird vorgelesen, die Kinder imitieren die Tierrufe, spielen einzelne Szenen, malen sie, so dass am Ende die ganze Geschichte als Bilderfolge gemalt ist, damit kann das ganze Märchen erzählt werden. Die Kinder erhalten ein Hosentaschenbüchlein, das jeweils auf einer Seite ein Bild von einer Szene enthält, während die gegenüberliegende Seite frei ist. Sie schreiben dort einen Text dazu; die einen schreiben die Tierlaute (IA), andere Wörter (ESL) oder schon einen Satz (DEA ESEL LOIFT WEK). Ihr Hosentaschenbüchlein ist für manche Kinder das erste eigene Schriftwerk, das sie nun besitzen (siehe S. 112).

Im Weiteren stärken Vorlesen, Schreibprojekte, reich bebilderte Bücher zu den individuellen Interessen der Kinder und anderes mehr die Bereitschaft, auf dem Weg in die Schrift weiterzukommen.

Gute Gründe können sich nur entwickeln, wenn das, was die Kinder erfahren und woran sie arbeiten, für sie bedeutungsvoll ist, und wenn sie dies über die Zeit hinweg immer wieder verstärkend erleben.

Anregende Themen

Ihre Kompetenzen bringen Kinder ein und erweitern sie, wenn das Thema, der Lerninhalt ihnen wichtig ist. Solche Themen können aus dem direkten Interesse der Kinder hervorgehen, wie dies oft bei Themen wie Pferde, Indianer, Weltraum, Vulkane, bei einer aktuellen Fernsehserie oder bei der Klärung eines Streites der Fall ist. Viele Themen oder Inhalte müssen in den Interessenhorizont der Kinder gebracht werden. Dazu hält die didaktische Schatzkiste viele Methoden bereit. Wichtig sind drei Aspekte: Interesse für das Thema wecken, Thema gemeinsam aufbereiten, differenziert und gemeinsam daran arbeiten.

Interesse der Kinder wecken: Es kann aus internen Anregungen der Kinder selbst entstehen: Nadia hatte im Morgenkreis von ihrer Katze erzählt. Sie durfte sie mit in die Klasse bringen. Aus dieser Situation ergab sich das Thema Katzen und Hunde. – Jens war im Judoverein und erzählte vom Training, brachte einen Judoanzug, zeigte Fotos. Andere Kinder erzählten von ihren Vereinen oder anderen Tätigkeiten in der Freizeit. Hieraus ergab sich das Thema: Unsere Hobbys. – Die Kinder stellten eine Wunschliste zusammen, worüber sie gerne arbeiten mochten.

Andere Themen werden durch die Lehrkraft eingebracht: Die Lehrerin las aus dem Buch „Die kleine Hexe" von Otfried Preußler vor. Die Kinder erzählten, was sie über Hexen wussten, brachten andere Bücher mit. Die Unterrichtseinheit „Von Hexen und Gespenstern" konnte entwickelt werden. – Die Lehrerin zeigte Kinderfotos von sich. Die Kinder brachten eigene Fotos mit, auch aufbewahrte Anziehsachen, altes Spielzeug und erzählen dazu. Das Thema „Von früher" entstand. – Zu ruhiger Musik sinnierten die Kinder zum Stichwort: „Fernsehen". Es stand in der Mitte eines großen Blattes. Sie schrieben dazu, was ihnen einfiel: was sie mögen, was sie nicht mögen, was sie gerne wissen wollen.

Das Thema gemeinsam aufbereiten: Die Kinder denken über das Thema nach, erzählen von ihrem Vorwissen, stellen Fragen, suchen Antworten, finden Unterthemen, besondere Interessenschwerpunkte, schlagen Arbeitsmöglichkeiten vor. Beim Thema Unsere Hobbys stellten die Kinder ihre eigenen Hobbys zusammen, über die sie berichten wollten. Zum Teil schlossen sie sich dazu in Gruppen zusammen. Ein Arbeitsplan wurde gemeinsam erstellt: Vorstellung in der Klasse, Fragen sammeln, erkunden und Bücher dazu lesen, einen Vortrag vorbereiten und halten, einen Teil der Ausstellung über die Hobbys gestalten. Beim Thema „Von Hexen und Gespenstern" wurden Ideen für den Unterricht in einer Mindmap gesammelt, z. B. Hexengeschichten lesen, Hexenfiguren basteln und damit Theater spielen, Hexensprüche sammeln und erfinden, Hexengeschichten schreiben, ein Hexenfest feiern, Fragen wurden gestellt wie „Gab es wirklich einmal Hexen?", „Wieso ist die Befana eine Hexe?", „Kann ich auch eine Hexe werden?" Mit Hilfe dieser Ideen und Fragen wurde der Unterricht gestaltet. Bücher zum Thema wurden aus der Stadtteilbücherei besorgt.

Differenziert und gemeinsam arbeiten: Thematische Arbeit ermöglicht interessebezogene Differenzierung und Arbeiten auf verschiedenen Leistungsniveaus: Die Themen entfalten zumeist eine Fülle von Unterthemen, provozieren Fragestellungen, geben Anlässe für Interviews usw. Die Arbeit in kleinen Gruppen oder auch in Einzelarbeit sollte aber immer wieder in die gemeinsame Arbeit zurückgeführt werden: als Erfahrungsbericht, als Beitrag für die Klassenzeitung, für ein Themenbuch, eine Ausstellung, als Vortrag vor der Klasse. Dabei verstärkt sich der Ernstcharakter der Arbeit, Kompetenz wird gefordert und am Ende auch erfahrbar. Das gilt auch für den Fall, dass Kinder in der freien Arbeit ein eigenes Thema für sich allein oder mit anderen Kindern gemeinsam bearbeiten, ohne Bezug zu einem Klassenthema. Die Pferdenärrinnen zum Beispiel können zu ihrem Pferdethema arbeiten, die Fußballfans zu ihrem. Zwei Kinder schreiben in dieser Zeit vielleicht einen Krimi. Auch hierbei sollten die Ergebnisse der Arbeit auf irgendeine Weise veröffentlicht und von anderen gewürdigt werden.

Anregende Lernumgebung

Unterricht, der auf die Initiative der Kinder setzt und sie zur Eigentätigkeit herausfordert, braucht eine gestaltete Lernumgebung, die Kinder zum Denken und Handeln anregt, vielfältige Materialien als Anregung und Fundus bereitstellt und die zunächst Vor-Ordnungen im Raum, in der Zeitgestaltung, in den Arbeitsformen schafft. Diese Vor-Ordnungen ermöglichen den strukturierten Anfang und eröffnen im Weiteren die Mitgestaltung durch die Kinder: Sukzessive werden sie von ihnen durch ihre Erfahrung und mit Hilfe von Lerngesprächen (Gespräche über das Lernen) reflektiert, variiert, ergänzt und letztlich auch verantwortet.

Faktoren der Lernumgebung im Fach Deutsch

Faktoren	Erläuterungen	Beispiele
Materialien	Materialien, die das Interesse der Kinder betreffen, die ihre Neugier herausfordern, die Interesse für neue Bereiche wecken; Materialien für verschiedene Aktivitäten der Kinder	Lesestoff, Bilder, thematisch reizvolle Gegenstände, Kassetten, Computer … Anlauttabelle, Farbpapiere, Druckerei, Farben und Pinsel, Bastelmaterial, Experimentiermaterial …
Zeiten	Zeiten, die fest im Wochenplan vorgesehen sind, für bestimmte Aktivitäten, so dass Kinder sich darauf einstellen können; Zeiten, in denen die eigenaktive Arbeit im Zentrum steht	Morgengespräch und Abschlusskreis, regelmäßige freie Arbeit, bzw. Werkstattunterricht, Lesezeiten, Projektwoche …
Orte	Orte in der Klasse für bestimmte Angebote und Aktivitäten; Orte im Schulgelände und Lernorte außerhalb der Schule, die zu Erkundungen, Befragungen usw. einbezogen werden	Sitzformen für individuelles und gruppenbezogenes Arbeiten, sowie für Gespräche, Klassenbriefkasten, Klassenbücherei, Leseecke mit Kissen, Schreibwerkstatt …, Stadtteilbücherei …
Anregungen	Anregungen durch Personen, durch Material, durch Themen	Lese- und Schreibvorbilder, außerschulische Experten, Klassenbriefkasten mit Meinungen und Vorschlägen … Bilderbücher, Kinderbücher, Lexika, CD-Rom, Internet-Portal: blinde-kuh.de, Bilder und Gegenstände … Interesse weckende Themen
Institutionen	Institutionalisierte Foren, Organisationsformen, Materialien mit Anregungscharakter für selbstständiges Handeln	Tagesplan, Klassenrat, Pro-Kontra-Gespräch, Versammlung, freie Lesezeit, Klassentagebuch, Schreibkonferenz, E-Mail-Partnerschaft …
Kommunikation	Lernbegleitende Kommunikation	Planungs- und Reflexionsgespräche, Gespräche über Gelesenes, über Lesemotive; Lesetipps, Schreibberatung …
Unterstützende Fähigkeiten	Fähigkeiten, Kenntnisse, Strategien, Arbeitsweisen, die für das kompetente Handeln nötig sind, zum Teil in didaktischen Schleifen vermittelt	Aktiv zuhören, etwas vortragen, interviewen, Schlüsselwörter in Texten ermitteln, clustern, Rechtschreibstrategien anwenden, Sprachproben durchführen …

Sicherung der Fachlichkeit

Leicht kann interessebezogener Unterricht mit vielfältig aktivem Tun zum Aktionismus missraten: Die Kinder schreiben aus Büchern ab, pausen Bilder durch, malen Mandalas aus, begleiten Gedichte nur irgendwie auf Orffschen Instrumenten; sie tun vieles, ohne wirklich gefordert zu sein und dazuzulernen. Ein solch unterfordernder Unterricht nimmt Kinder in ihrem Entwicklungswillen nicht ernst; er entwickelt auch nicht kompetentes Handeln.

Die thematische Arbeit muss deshalb von der Lehrkraft immer synchronisiert werden mit Überlegungen zur Fachlichkeit:

– Was ist bei dieser Aufgabe „Sache", welche Ansprüche stellt die sachgerechte Bearbeitung?
– Welche Fachbereiche des Deutschunterrichts können zur Bearbeitung insbesondere beitragen: Mündlichkeit, Schriftlichkeit, Text- und Medienumgang, Sprachreflexion?
– Welche Kompetenzen aus diesen Fachbereichen sind bei dieser Bearbeitung besonders gefordert, bzw. sind zu fördern?
– Welche Fähigkeiten, Fertigkeiten, Kenntnisse, Strategien und Arbeitsweisen werden bei der Bearbeitung erforderlich – welche kennen die Kinder, welche müssen sie noch kennen lernen (siehe hierzu auch den nächsten Absatz: Didaktische Schleifen)?
– An welchen fachbezogenen oder überfachlichen Werken zeigen die Kinder ihre Kompetenzen?

Ein Raster zur Planung und zur Vergewisserung kann wie folgt aussehen:

Fachlichkeit: Bereiche, Kompetenzen, Werke	
Andere Fächer	
Mündlichkeit	
Schriftlichkeit	
Text- und Medienumgang	
Sprachreflexion	
Fähigkeiten, Fertigkeiten, Kenntnisse, Strategien, Arbeitsweisen	
Fachliche Werke (Projekte)	

Fachlichkeit: Bereiche, Kompetenzen, Werke	Beispiel: Unsere Hobbys
Andere Fächer	besonders Sachunterricht
Mündlichkeit	Sachbezogen sprechen: über das Hobby sachlich klar informieren; einen Vortrag sachlich kompetent gestalten Erzählen: erlebnisbezogen und gesellig erzählen
Schriftlichkeit	Erzählen: Hobby-Geschichten schreiben Sachbezogen schreiben: Hobby-Steckbriefe formatieren und ausfüllen
Text- und Medienumgang	Informierend rezipieren: aus Fachbüchern, aus Material der Vereine Informationen gewinnen
Sprachreflexion	Sprachvarianten: Fachsprache zu verschiedenen Hobbys sammeln, in einem Lexikon klären
Fähigkeiten, Fertigkeiten, Kenntnisse, Strategien, Arbeitsweisen	Fragen zur Hobby-Vorstellung entwickeln und stellen, daraus das Formular für einen Steckbrief gewinnen Wichtige Hobbywörter rechtschriftlich sichern; Vortrag vorbereiten und halten, dabei wichtige Aspekte beachten (freie Rede mit Stichwortzettel, Visualisierung)
Fachliche Werke (Projekte)	Vorträge über Hobbys zur Ausstellung von Hobby-Zubehör und Bildern Hobby-Buch der Klasse mit illustrierten Hobby-Geschichten und Hobby-Steckbriefen Lexikon der Hobby-Wörter

Didaktische Schleifen

Die Fähigkeiten und Fertigkeiten, Kenntnisse, Strategien und Arbeitsweisen sind integrierter Bestandteil kompetenten Handelns. Sie erhalten von hier her ihre Funktion und Bedeutung auch für das Lernbewusstsein der Kinder. Einzelne dieser Komponenten können während der thematischen Arbeit integrativ geübt werden, dadurch wird der Zusammenhang zur Verwendungssituation immer gewahrt.

Ein Beispiel: Wenn die Kinder beim Hobby-Thema Vorträge zu ihrem Hobby halten sollen, dann ist an dieser Stelle der didaktisch richtige Ort, die Teilkompetenz zu üben: „einen Vortrag sachlich kompetent, verständlich und für die Zuhörer motivierend gestalten". Dazu überlegen die Kinder, wann sie bei einem Vortrag gerne zuhören, die Lehrkraft ergänzt. Eine erste Checkliste wird erarbeitet, z. B.:

– Die Reihenfolge festlegen und Stichwörter auf Karten schreiben.
– Gegenstände oder Fotos, Zeichnungen (auf Folie) auswählen und vorbereiten.
– Thema an die Tafel schreiben.
– Zum Thema, zum Gegenstand oder zu Bildern etwas sagen, was die Zuhörer neugierig macht.

- Mit den Stichwörtern frei sprechen und dabei die Zuhörer ansehen.
- Am Ende den Zuhörern danken.

Einzelne Kinder bereiten mit Hilfe dieser Checkliste einen Vortrag vor: In der Themengruppe, mit dem Partner, mit Unterstützung der Lehrkraft, gegebenenfalls auch mit der ganzen Klasse. Der Vortrag wird vorgeführt, mit Hilfe der Checkliste werden Rückmeldungen gegeben: vom vortragenden Kind, von den Zuhörern: Was war gelungen? Was kann man besser machen und welchen Vorschlag habe ich dafür?

Die hier einbezogene Teilfähigkeit: Stichwörter schreiben kann ebenso thematisch integriert geübt werden.

Sie kann aber auch unabhängig vom jeweiligen Thema als didaktische Schleife gesondert trainiert werden: In Texten finden die Kinder zu jedem Absatz ein Wort oder eine Wortgruppe, die den Absatz inhaltlich kennzeichnen. Diese Stichwörter werden auf einzelne kleine Karteikarten geschrieben und dienen als Gedächtnisstütze, um den Text inhaltlich wiederzugeben. Dies kann an unterschiedlichen Texten geübt werden. Oder: Mit Hilfe eines Bildimpulses oder einer angefangenen Geschichte spinnen die Kinder eine ganze Geschichte. Die Erzählschritte werden mit einem Wort oder einer Wortgruppe benannt, die wiederum auf Kärtchen für das mündliche Erzählen aufgeschrieben werden. Um zu klären, was ein Erzählschritt ist, können die Kinder die Geschichte comicartig in Bildern darstellen. Immer, wenn die Geschichte weitergeht, ist ein neues Bild nötig. Das ist ein Erzählschritt.

Die didaktische Schleife macht hier möglich, dass die Fertigkeiten: Stichwörter finden, auf Karteikarten schreiben, danach berichten oder erzählen intensiv und wiederholt mit unterschiedlichen Vorgaben trainiert werden. Zurück zur thematischen Arbeit, werden diese Fertigkeiten beim Vortraghalten funktional angewendet.

Andere Beispiele: Die Kinder lernen und üben eine neue Rechtschreibstrategie wie das Finden verwandter Wörter und die Markierung des Wortstamms oder sie üben das Nachschlagen; sie üben, Sätze vom Satzkern/Prädikat aus zu erweitern oder Sätze umzustellen; sie üben das Überarbeiten von Texten unter bestimmten Aspekten wie Einsatz wörtlicher Rede, Vermeiden gleichförmiger Satzbildungen; sie üben die formklare und flüssige Handschrift oder mit Schrift zu gestalten.

In didaktischen Schleifen wird also die thematische Arbeit verlassen, um eine Komponente kompetenten Handelns gesondert und intensiv zu üben, die dann im Weiteren integriert gebraucht wird.

Solche Schleifen sind immer wieder nötig, um eine Komponente besonders zu üben oder um einen fachlichen Aspekt zu systematisieren; sie können die ganze Klasse, aber auch eine Fördergruppe betreffen. Didaktische Schleifen haben unterstützende Funktion, Kern der Arbeit bleibt das Kompetenz orientierte komplexe Handeln.

7. Kompetenzentwicklung in Aufgabenbereichen des Deutschunterrichts

In den folgenden Kapiteln wird gezeigt, wie die Kompetenzen der Kinder im Deutschunterricht entwickelt werden können. Das geschieht exemplarisch und jeweils mit dem Augenmerk auf einen Aufgabenbereich.

7.1 Mündlichkeit

Lernumgebung

Bedingung für die Entwicklung der mündlichen Sprachkompetenz ist eine Lernumgebung, die Kinder anregt und anleitet, zueinander und miteinander verständig und verantwortungsvoll zu sprechen und einander zuzuhören.

Erinnerungsbücher

Lernumgebung zur Entwicklung der mündlichen Sprachkompetenz	
Faktoren	*Beispiele*
Materialien	thematisch anregendes Material aus dem Schulfundus, aus der Bücherei, von den Kindern mitgebracht, zu dem sie Erfahrungen austauschen, Meinungen entwickeln, erzählen, berichten, als Experten vortragen; anregende Materialien zum geselligen Erzählen, wie seltsame Dinge, Buchillustrationen, Erzählwörter; Fotos oder Bildkarten zu den Gesprächsregeln
Zeiten	Montagmorgenkreis zum freien Gespräch; tägliches Morgengespräch zum Tagesplan und Schlussgespräch am Ende des Unterrichtstages; Zeit für Klassenrat (situativ, bzw. im Stundenplan fixiert, z. B. immer freitags gegen Wochenschluss); feste Zeiten für differenziertes Arbeiten in freier Arbeit, Wochenplanarbeit oder Werkstatt, in denen Gespräche der Kinder miteinander stattfinden können mit Absprachen, Schreibberatung, kooperativem Arbeiten
Orte	Sitzformen und Plätze, die für alle Gesprächsformen geeignet sind: für Gruppengespräche, für Lehrgespräche mit Ausrichtung zur Lehrkraft, für Kreisgespräche, bei denen alle mit allen Blickkontakt haben
Anregungen	Lehrkraft als Modell für deutliches Sprechen, für aktives Zuhören, für wichtige Redemuster; Anregungen aus dem individuellen Interesse heraus; Anregungen durch ein gemeinsames Rahmenthema; Anregungen, die sich aus der Projektarbeit ergeben mit Gesprächen bei Planung, Durchführung, Ergebnisvorstellung, Präsentation
Institutionen	Gesprächskreis, Erzählrunde, Klassenrat, Pro-Kontra-Gespräch, Philosophieren der Kinder; Klassenbriefkasten für Meinungen, Vorschläge und Beschwerden; Ausstellung zum aktuellen Thema auf Tischen, an der Pinnwand, auf einer Leine – als ständiger Gesprächsanlass, wenn die Ausstellung eingerichtet und ergänzt wird, wenn Exponate erklärt werden usw.
Kommunikation	Lerngespräche als Gespräche über das Lernen; Reflexionen über Gesprächsregeln und ihre Beachtung; Absprachen, Vereinbarungen, Kooperationen
Unterstützende Fähigkeiten	Einzelne Gesprächsregeln gezielt beachten, Gespräche beobachten; Redemuster sammeln und nutzen wie an den Vorredner anknüpfen, Zustimmung äußern, Vorschläge machen; Rede- und Erzählkarten erstellen und nutzen; Vorträge vorbereiten: sich informieren, ein Sachgebiet strukturieren, veranschaulichen, mit Stichwörtern frei sprechen üben

Einzelne dieser Beispiele werden im Folgenden näher ausgeführt.

Miteinander sprechen

Alle Kinder haben bei Schuleintritt bereits Erfahrungen im Miteinandersprechen. Zumeist waren dies Gespräche mit wenigen Gesprächsteilnehmern, informelle Gespräche mit geringem Formalisierungsgrad. Aus den Kindertagesstätten bringen viele Kinder auch schon grundlegende Gesprächsregeln für den großen Gesprächskreis mit:
– Ein Kind spricht, die anderen hören still zu.
– Wer etwas sagen möchte, meldet sich.
– Eine Person bestimmt, wer reden darf.

In der Schule spielen Gespräche eine große Rolle: Gespräche mit dem Partner, in der kleinen Gruppe und mit allen Kinder der Klasse. Gespräche mit allen Kindern sind dabei die schwierigsten: Die Kinder müssen oft längere Zeiten zuhören, bevor sie selber etwas sagen dürfen; das erfordert ein hohes Maß an Zurückhaltung des spontanen Äußerungsdrangs; manche Kinder scheuen sich, in der großen Gruppe etwas zu sagen. Andere Anforderungen kommen hinzu: das längere ruhige Sitzen, die Orientierung am jeweiligen Thema, das Zurückstellen spontaner Einfälle. Gerade deshalb ist das Gespräch in der Klasse aber auch ein vorzügliches Übungsfeld dafür, sich anderen zuzuwenden, ihnen geduldig und aufmerksam zuzuhören, verständlich und zugewandt zu sprechen und Regeln zu akzeptieren, die den fairen Umgang miteinander ermöglichen, Erfahrungen auf Regeln zu beziehen und gegebenenfalls Vereinbarungen zu treffen, Regeln neu zu formulieren und zu erproben.

In der Schulpraxis ist dies häufig ein vernachlässigtes Arbeitsfeld, auch weil es so viel an geduldiger und konsequenter Entwicklungsarbeit erfordert, ohne nach außen hin, etwa in der Sicht der Eltern, die Strahlkraft der Schriftlichkeit zu haben.

Dennoch: Das verständig und verantwortlich faire Miteinandersprechen ist eine bedeutsame Kompetenz auch für die Gegenwart der Kinder.

Der Montagmorgenkreis: Die Kinder begrüßen sich am Montagmorgen mit einem Lied, einem Spruch und haben dann Gelegenheit, frei vom Wochenende zu erzählen sowie von Dingen oder Ereignissen, die sie in der Woche erwarten.

Der tägliche Morgenkreis: Jeden Morgen setzt sich die Lehrkraft mit den Kindern zusammen, um den Tagesplan zu besprechen. Die Kinder berichten von angefangenen Arbeiten, von Aufgaben, die sie sich vorgenommen haben. Je nach Tagesorganisation eröffnet der Morgenkreis den Schulvormittag oder, z. B. bei gleitendem Anfang, beim Beginn mit freier Arbeit, eröffnet er die thematische Arbeit. Als Pendant zum Morgenkreis dient der Tagesschlusskreis den Rückmeldungen über den Tag. Leitfragen können sein:

- Wie weit sind wir (bin ich) im Thema gekommen?
- Was war besonders schön?
- Was war schwierig?
- Woran arbeiten wir morgen weiter?

Themengespräche: Im Zusammenhang der thematischen Arbeit können neben den impliziten Gesprächsphasen auch besondere Gesprächsforen einbezogen werden: *Planungsgespräche* zu Beginn der thematischen Arbeit nutzen die Möglichkeiten der Ideenfindung. Die Kinder sammeln zum Thema Ideen, Inhalte, Fragen durch Clustern oder auf Klebezettel, die dann ausgehängt und sortiert werden. *Arbeitsgespräche* finden während der thematischen Arbeit statt: Die Kinder berichten vom Stand ihrer Arbeit, gleichen Erledigtes mit der Planung ab, besprechen Schwierigkeiten, überlegen Möglichkeiten der Präsentation.

Philosophieren: Häufig ergeben sich im thematischen Zusammenhang auch Fragen, die zum Nachdenken über existentielle Themen anregen, bei denen nicht ein eindeutiges Ergebnis, sondern die gedankliche Auseinandersetzung mit Lebensfragen im Mittelpunkt steht. Beim Thema Schule mag das sein: Warum müssen Kinder in die Schule gehen? Beim Thema Was ich alles kann: Was wäre, wenn alle Menschen dieselben Dinge gut könnten? Beim Thema Bei uns zu Hause: Kann ich auch in der Schule zu Hause sein? Beim Thema Krank sein – gesund bleiben: Warum müssen Babys sterben?

Pro-Kontra-Gespräch: Dies ist eine besondere, auch dem Fernsehen abgeguckte Form, in der Kinder lernen, zu argumentieren und sich mit Argumenten auseinanderzusetzen. Bei vielen Themen gibt es strittige Fragen, z. B. beim Thema Schule: Feste Sitzordnung in der Klasse? Beim Thema Tiere: Sollen Tiere im Zoo gehalten werden? Beim Thema Von Hexen und Zauberern: Sollte es Menschen geben, die wirklich zaubern können? Pro-Kontra-Gespräche können so organisiert werden: Zwei Gruppen mit je drei Kindern werden gebildet, die eine Gruppe hat Argumente für Pro, die andere für Kontra gesammelt. Das Podiumsgespräch pendelt zwischen den beiden Gruppen von Argument zu Argument hin und her. Ein Gesprächsleiter erteilt dabei das Wort. Die anderen Kinder in der Klasse hören zu und diskutieren hinterher über die Argumente und das Argumentieren.

Klassenrat: Er ist das politische Gremium in der Klasse. Hier kommt alles zur Sprache, was an Ereignissen in der Klasse besprochen und geklärt werden muss: Meinungen zum Unterricht, Vorschläge für Themen, für Arbeitsweisen, Streitigkeiten, Beschwerden über Mitschüler, über ungerechtes Verhalten, Wünsche für Unternehmungen, Überlegungen zur Ämterführung und anderes mehr. Entsprechende Vorschläge können in einen Klassenbriefkasten eingeworfen oder in einer Wandzeitung eingetragen werden. Der Klassenrat kann von der Klassensprecherin oder dem Klassensprecher geleitet werden. Zu Beginn der Klassenratsitzung wird die Tagesordnung festgelegt. Die Ergebnisse werden in einem Protokoll festgehalten und ausgehängt. Je jünger die Kinder sind, desto schwieriger ist es für sie, bis zur im Stundenplan festliegenden Klassenratsstunde mit ihrem Problem zu warten, zum Beispiel bei einem aktuellen Konfliktfall. Deshalb gibt es auch die Praxis, unmittelbar den Klassenrat für das eine Thema einzuberufen.

Schreibkonferenz: Für Gespräche, bei denen sich Kinder miteinander beraten, sei hier als Beispiel die Schreibkonferenz genannt. Ein Kind, das einen Text geschrieben hat, lädt zwei oder drei Kinder zur Beratung über den Text ein. In einer ersten Runde wird der ganze Text vorgelesen und die Kinder äußern sich dazu, in der zweiten Runde wird Satz für Satz von allen gelesen, die Beraterkinder kommentieren, was ihnen gut gefällt, was sie anders schreiben würden. Das Autorenkind schreibt Vorschläge zum Text auf. Später, bei der Überarbeitung, wird es selber entscheiden, welche Vorschläge es realisiert. Das Thema Schreibkonferenz wird beim Aufgabenbereich Schreiben noch einmal aufgegriffen.

Neben solchen institutionalisierten Gesprächsforen ist Gesprächsfähigkeit als Teilkompetenz in den zahllosen Gesprächsphasen während des Unterrichts nötig.

In erarbeitenden Gesprächen, in *Lehrgesprächen* also, ruft häufig die Lehrkraft die Kinder auf.

Ein kleiner Schritt zur verantwortlichen Mitarbeit der Kinder ist die *Meldekette*, bei der die Kinder sich gegenseitig aufrufen. Oft kommt es dann dazu, dass sich die Freunde immer gegenseitig drannehmen oder die Mädchen nur die Mädchen. Zu Recht beschweren sich Kinder, die nicht aufgerufen werden, auch weil hier das Fairness-Gebot verletzt wird. Diese Feststellung der Kinder führt zur Frage, wie man das verhindern kann. Eine Lösung mag sein, dass Jungen immer Mädchen und Mädchen immer Jungen aufrufen müssen.

Die bisherigen *Regeln*, auf oben beschriebenem Niveau in der Regel in Klasse 1 und 2, können mit den Kindern formuliert und in Bildern veranschaulicht werden. Dies können zum Beispiel vergrößerte Fotos aus der Klasse sein. Die Regelkarten werden so aufgehängt, dass sie jederzeit abzunehmen sind. Dann können sie zum Beispiel am Ende einer Gesprächsphase nacheinander gezeigt oder ausgelegt werden. Die Kinder äußern sich dazu, inwieweit die einzelne Regel beachtet wurde. Fällt auf, dass eine Regel immer wieder verletzt wird, kann darüber nachgedacht werden, wie die Kinder besser die Regel einhalten oder ob sie verändert werden soll.

- Ruhig melden
- Jungen nehmen Mädchen dran, Mädchen nehmen Jungen dran.
- Laut und deutlich sprechen
- Aufmerksam zuhören

Im Laufe der Grundschulzeit werden fallweise die Regeln erweitert. Einige Beispiele: Bei thematisch offenen Gesprächsforen wie dem Montagmorgenkreis sprechen die Kinder verschiedene Ereignisse, Erlebnisse, Gedanken an. Das Gespräch kann thematisch springen. Dabei wird es aber auch vorkommen, dass Kinder etwas zu dem sagen wollen, was vorher schon angesprochen wurde. Für diesen Fall kann eine neue Regel vereinbart werden: Wer zum Beitrag eines Kindes etwas sagen will, meldet sich mit beiden Händen.

Bei thematischen Gesprächen kommt es vor, dass Kinder spontane Einfälle, Erlebnisse, Gedanken äußern, die nicht zu Thema gehören. Auf Grund dieser Erfahrungen kann die Regel entstehen: beim Thema bleiben. Das Thema selbst sollte übrigens in der Kreismitte präsent sein: als Stichwort, durch einen Gegenstand, ein Bild oder eine Schülerarbeit repräsentiert.

Vielen Kindern fehlen Redemuster, mit denen sie an andere Äußerungen anknüpfen, ihre Zustimmung oder ihren Widerspruch einleiten. Die Lehrkraft kann Muster, die Kinder bereits verwenden, verstärken, sie muss vor allem aber selber ein Modell für partnergerechtes Miteinandersprechen sein. Auch solche Redemuster können auf Regelkarten festgehalten werden.

Bei Gesprächen, bei denen ein Kind Experte ist, beim Klassenrat und anderen Gesprächsforen wird die Leitung des Gesprächs einem Kind übertragen.

In Klassen, in denen es immer wieder zu Störungen kommt, werden gemeinsam die Regeln identifiziert, gegen die vor allem verstoßen wird. Eine Beobachtergruppe wird ausgewählt. Sie sitzt beim nächsten Gespräch außerhalb des Kreises. Jedes Kind der Beobachtergruppe hat ein Blatt mit einer Regel und beobachtet, inwieweit die Regel beachtet oder gegen sie verstoßen wird, und macht dazu Notizen. Nach dem Gespräch berichten die Beobachter. Gegebenenfalls kann eine Regel, gegen die häufig verstoßen wird, beim nächsten Mal in der Gesprächsmitte ausgelegt werden und wird dann besonders beachtet. Ein anderes Mal wird erneut von einer Beobachtergruppe das Gespräch auf die Regeleinhaltung hin verfolgt.

Wenn es einem Kind besonders schwer fällt, sich an einzelne Regeln zu halten, kann es einen Einschätzbogen erhalten:

	Das habe ich geschafft				
	Datum	Datum	Datum	Datum	Datum
Ich höre still zu.					
Ich melde mich ruhig.					
Ich spreche deutlich.					

Nach dem Gespräch nimmt das Kind seine Einschätzung vor: gemeinsam mit der Lehrkraft, bzw. gemeinsam mit Kindern, die es selbst bestimmt. Wenn eine Regel durchweg beachtet wurde, wird das Datum dazu geschrieben.

Weitere Praxisanregungen zum Gespräche-Führen bei Potthoff u. a. (2008).

Erzählen

Mündliches Erzählen spielt im Alltag eine große Rolle. In der Schule, die weitgehend schriftgeprägt ist, wird das Erzählen häufig direkt mit dem Schreiben in Verbindung gebracht. Natürlich gibt es diesen Zusammenhang: in der Mündlichkeit werden Ideen entwickelt, werden Geschichten probeerzählt, bevor sie dann niedergeschrieben werden. Dennoch hat das mündliche Erzählen als geselliges Erzählen auch seinen Eigenwert. Hier können Kinder erfahren und entwickeln, wie man die Zuhörenden neugierig macht, den Zuhörenden zugewandt erzählt, wie Gestik und Mimik eingesetzt werden können. Dazu sind Fähigkeiten, Strategien und Arbeitsweisen hilfreich, die dann auch beim schriftlichen Erzählen verwendet werden.

Ideen entwickeln und nutzen: Zu einer *Leitidee* assoziieren die Kinder Ideen. Die Leitidee kann ein vorgegebenes Wort oder ein Satz sein, wie z. B. Gespenster. Meine Wunschschule. Da stand ein Pony auf der Wiese. Mit einem Segelschiff übers Meer. Ich kann fliegen. Die Leitidee kann ein Gegenstand, ein Bild oder eine Buchillustration sein, z. B. eine besonders schön geformte Muschel, ein Miró-Bild, eine anregende Illustration aus einem Kinderbuch.

Oder es werden Erzählwörter in Dosen gesammelt, in einer für Personen (ich, unsere Lehrerin, Piraten, ein Zwerg, Gespenster, ein Pferd ...), in einer zweiten Dose Orte (Schule, Höhle, Wald, Schloss, Supermarkt ...), in der dritten Gegenstände (Schatz, Rakete, Zauberblume, Hut mit Feder, Schlüssel ...). Die Gegenstände können auch in einem Korb real vorhanden sein. Aus jeder Dose wird ein Erzählwort gezogen. Aus der Spannung, die sich zwischen den zumeist nicht direkt kompatiblen Wörtern ergibt, kann der kreative Impuls entstehen.

Auch eine *Rahmengeschichte* kann die Leitidee vorgeben, z. B. die Geschichte vom kleinen blauen Fahrrad: Es steht bei einem Trödler, kann aber alleine aus dem Laden herausfahren. Spricht man es freundlich an und sagt einen Wunsch („Liebes blaues Fahrrad, ich möchte gern einmal zum Mond fahren"), dann darf man aufsteigen und das Fahrrad macht, worum man gebeten hat. Was könnte man sich alles vom kleinen blauen Fahrrad wünschen? Oder ein alter Schlüssel, eine Feder, ein seltsam geformtes Holz wurde in der Wüste oder im Urwald oder auf einem hohen Berg oder in einer Flaschenpost gefunden. Was für eine Geschichte mag darin stecken?

Die Kinder denken sich Ideen für Geschichten aus, schreiben sie auf Klebezettel, kleben sie auf ein *Ideenplakat*, wählen allein oder mit dem Partner eine Idee aus und entwickeln damit ihr Geschichte. Indem sie dem Partner oder der Lehrkraft ihre Geschichte erzählen, entwickelt sich die Geschichte, können Anregungen gegeben und eingearbeitet werden. Die Erzählschritte werden auf Karteikarten geschrieben. Mit Hilfe der Karten kann nun die Geschichte erzählt werden.

Dieses Verfahren kann mit den Kindern in den einzelnen Arbeitsweisen geübt werden: Die Geschichte wird in der Klasse oder in der Fördergruppe entwickelt.

Die Geschichte kann assoziativ mit mehreren Kindern entstehen, als *Reihum-Geschichte*. Das Kind, das beginnt, hat den Erzählstein in der Hand, wenn es überlegen muss, reibt es den Stein. Dann gibt es den Stein an den Nächsten weiter, der den Erzählfaden aufnimmt und weitererzählt. Dies kann das nächst sitzende oder ein sich meldendes Kind sein. Anschließend wird überlegt: Was waren gute Ideen, die wir behalten sollten?

Daraus entsteht in der Reihenfolge der Geschichte die Beschriftung auf den *Erzählkarten*. Bei Geschichten, die ein einzelnes Kind oder eine Partnergruppe erzählt, überlegt die Lehrkraft mit den Kindern: Wenn man die Geschichte zur eigenen Erinnerung in Bildern aufmalen wollte, was soll aufs erste Bild? Wann brauche ich ein zweites Bild? Usw. Die Bilder werden gezeichnet oder ein Stichwort, ein Satz dafür notiert.

Die Erzählkarten können zunächst an mehrere Kinder verteilt werden. Jedes Kind erzählt zu seiner Karte. Nach einiger Erfahrung und bei geschickten Erzählern hat das erzählende Kind alle Erzählkarten in der Reihenfolge der Geschichte in der Hand.

Kompetenzentwicklung in Aufgabenbereichen 61

Die einfachste Form für Erzählkarten ist der Dreischritt, verteilt auf drei Karten:

| So fing die Geschichte an. | So ging die Geschichte weiter. | So hörte die Geschichte auf. |

Damit können kleine Alltagsgeschichten erzählt werden, z. B. vom Fahrradfahren, von einem Streit auf dem Schulhof. Ebenso aber auch erfundene Geschichten, zum Beispiel die Geschichten mit Erzählwörtern aus den Dosen. Bei ausführlicheren, bzw. komplexeren Geschichten können zum Struktursatz: „So ging die Geschichte weiter" mehrere Karten beschrieben werden.

Für die Zuhörer ist es zudem motivierend, wenn die Personen der Geschichte, der Ort des Geschehens auf Bildern gemalt ist, die zunächst erläutert und für alle sichtbar aufgehängt oder ausgelegt werden.

Sprachmaterial sammeln und nutzen: Neben den Ideen für die inhaltliche Entfaltung einer Geschichte, sind für das Erzählen auch Wortschatz und sprachliche Wendungen wichtig. Sie sollen abwechslungsreich sein und zur Geschichte gut passen. Märchen brauchen andere Wendungen als Alltagsgeschichten. Die immer wiederholten schlichten Verben wie gehen und sagen werden auf die Dauer als langweilig empfunden. Die Personen kann man sich besser vorstellen, wenn die Wörter genauer gewählt sind. Die Hexe sagt nicht nur etwas, sie kichert, sie schmeichelt, sie flüstert ... Das Gespenst geht nicht, es fliegt, es schwebt, es huscht ... Entsprechende *Wortfelder* werden entwickelt. Bei Gespenstergeschichten zum Beispiel werden Gespensterwörter in einem weiten Wortfeld gesammelt:

gespenstisch gruselig schaurig
gespenstern unheimlich
schleichen
      schweben
fliegen (Gespensterwörter) huschen
um Mitternacht Vollmond
dunkel   sich gruseln
       kichern

Sprachstarke Kinder werden solche Wörter während der Unterrichtseinheit selber sammeln können, wie sie im Mündlichen, aber auch im Schriftlichen verwendet werden. Gespenstergeschichten in Kinderbüchern können auf solche Wörter hin abgesucht werden, Funde werden in das Wortfeld eingetragen. In sprachschwachen Klassen wird die Lehrkraft hier mehr steuern müssen, selber Wörter zu Geschichten geben, insgesamt die Anzahl der Wörter im Wortfeld reduziert halten, um den Wortschatz der Kinder gezielt zu erweitern.

Das weite Wortfeld kann strukturiert werden: welche Wörter sagen, wie sich Gespenster bewegen? Welche Wörter sagen, wie die Gespensternacht ist? Die Wörter werden entsprechend in engere Wortfelder eingetragen: Wie sich Gespenster bewegen. Adjektive ...

Wie Wörter so können auch *Sätze, Sprachwendungen*, die den Kindern oder der Lehrkraft in Kindertexten und in gedruckten Geschichten als besonders gelungen auffallen, gesammelt werden. Bei den Gespenstergeschichten werden entsprechende Textteile auf Papierstreifen geschrieben und an die Pinnwand gehängt. Wörter und Wendungen stehen dann bei den eigenen Geschichten zur freien Verfügung.

Beim Erzählen sind die Zuhörer gespannter auf die Geschichte, wenn die Personen der Geschichte, der Ort des Geschehens auf Bildern gemalt sind, die zunächst sichtbar aufgehängt oder in den Erzählkreis gelegt und erklärt werden.

Weitere Praxisanregungen zum Erzählen bei Claussen (2006).

Vortragen

Auch Schulanfänger können bereits über etwas referieren, worin sie Experten sind. Im Morgenkreis hat ein Kind in Klasse 1 auf sein Meerschweinchen neugierig gemacht. Es darf sein Tier mitbringen, außerdem das übliche Futter und die Käfigausstattung. Das Kind informiert über den Tages- und Nachtablauf, die Ernährung, eventuell über eine Erkrankung oder Verletzung des Tieres. Der Unterricht sollte den Kinder viel Gelegenheit geben, ihr Expertentum weiter zu entwickeln: zu eigenen Interessengebieten wie Pferde, Würgeschlangen, Dinosaurier, Weltraum, Indianer, Ballett, Judo, Fußball, ein Fernsehstar, eine Fernsehsendung, mein Zwergkaninchen, Zauberkunststücke, mein Lieblingsbuch ...

Experten können die Kinder bei Unterrichtsthemen werden, wenn das Rahmenthema dafür genügend Spielraum schafft und es gelingt, das Interesse der Kinder anzuregen. Ein Beispiel: In einer Klasse arbeiten die Kinder beim gemeinsamen Rahmenthema: Ritterzeit mit Besichtigung einer Burg in der Nähe an verschiedenen Themen: Burg. Zugbrücke und Eingang. Bergfried. Küche und Ernährung. Tischsitten. Bekleidung. Leben auf der Burg. Burgen am Rhein. Leben der Bauern. Turnier. In Gruppen arbeiten die Kinder an ihrem Thema, sie überlegen Fragen, die bei der Besichtigung beantwortet werden sollen, sie lesen, recherchieren im Internet (blinde-kuh.de), zeichnen und basteln – je nach

Thema. Als Experten tragen sie dann der Klasse zu ihrem Thema vor. Dabei ist ein Gesichtspunkt, dass sie immer wenigstens einen Gegenstand oder ein Bild zu ihrem Thema zeigen und eine kleine Geschichte erzählen. Die Exponate werden zu einer Ausstellung gestaltet. Lehrkräfte der Schule, die Eltern werden eingeladen und durch die Ausstellung geführt. Die Experten halten jeweils ihre Vorträge.

Vortragen

Die Vorträge werden zumeist zu zweit oder in der Gruppe vorbereitet und mit einem Partner abwechselnd vorgetragen. Die Lehrkraft kann zunächst bei der Vorbereitung des Vortrags helfen und somit bestimmte Regelstücke in den Vortrag einbringen helfen. Die zuhörenden Kinder melden hinterher zurück, was ihnen gefallen hat, welche Vorschläge sie für Vorträge haben. Aus diesen Überlegungen entstehen dann Stück für Stück die Regeln.

Die mit den Kindern entwickelten Regeln für das Vortragen können in Klasse 4 sein:

> Vor dem Vortrag:
>
> - Selber zum Thema viel wissen
> - Entscheiden, was man zum Thema vortragen will
> - Ein Bild, einen Gegenstand zum Thema aussuchen
> - Eine kleine Geschichte finden
> - Die Reihenfolge des Vortrags auf Karten schreiben
>
> Beim Vortrag:
>
> - Das Thema nennen und zeigen (Tafel, Folie, Plakat)
> - Mit Hilfe der Karten frei sprechen
> - Die Zuhörer ansehen
> - Das Bild, den Gegenstand, die Geschichte „einbauen"
> - Am Ende sagen, was das Wichtigste war. „Für mich war das Wichtigste …"
> - Sich bei den Zuhörern bedanken

7.2 Schriftlichkeit, einschließlich Rechtschreiben

Lernumgebung

Für die Entwicklung der Schriftkompetenz ist eine Lernumgebung wichtig, die Kinder anregt und anleitet, Texte für verschiedene Situationen und Funktionen aufzuschreiben. Besonders bedeutsam ist die Textfunktion: Es muss für die Kinder einen Sinn, einen guten Grund haben, den Text zu schreiben. Bei Schreibprojekten ist dies im Projektziel beschlossen, Schreiben ist der Ernstfall: der Brief an die Freundin, die Ich-Seiten, die für ein Wir-Buch zusammengestellt werden, die Geschichte für das Klassentagebuch, aber auch die selbst geschriebenen Märchen für das Märchenbuch der Klasse, die Steckbriefe über Tiere für die Tierkartei, die Erlebnisgeschichte für das Fahrtenbuch zu einer Klassenfahrt. Die Lernumgebung ist die Schreibwerkstatt, in der solche kleinen und größeren Projekte angeregt werden, in der die Texte entstehen und zum Gegenstand der Kommunikation über Texte werden können.

Integriert in diese Arbeiten ist die zunehmende Normorientierung in der Rechtschreibung. Sie erhält ihre sachliche Begründung vor allem aus den Schreibprojekten mit veröffentlichten Texten.

Kompetenzentwicklung in Aufgabenbereichen

	Lernumgebung zur Entwicklung der Schreibkompetenz
Faktoren	*Schreiben*
Materialien	Materialtisch mit Papier zum Vorschreiben und zum Reinschreiben, Entwurfpapier mit Markierung jeder zweiten Zeile; farbige Papiere für besondere Schriftgestaltungen; Computer als Schreibwerkzeug, auch Druckerei bzw. Stempel für besondere Texte; Schreibtabelle für den Schulanfang; Wörterliste, Wörterheft, Wörterbuch als Rechtschreibhilfe; siehe auch unten bei Anregungen
Zeiten	gemeinsame Schreibzeiten, freie Schreibzeiten z. B. bei freier Arbeit, im Wochenplan- oder Werkstattunterricht; ebenso für Schreibberatungen als Partnergespräche oder als Schreibkonferenzen; Übungszeiten für das Üben der Handschrift, für die Schriftgestaltung, für normgerechtes Schreiben wichtiger Wörter
Orte	Einrichtung des Schreibplatzes
Anregungen	Lehrkraft als Modell vom 1. Schultag an für die Wahrnehmung von Schreibfunktionen, für normgerechtes Schreiben und formklare Schrift; Schreibsituationen im Schulalltag: Beschriftungen, Tagesplan, Hausaufgaben, Briefe für den Klassenbriefkasten, Vereinbarungen, Klassentagebuch …; Schreibaufgaben, die sich aus dem jeweiligen Unterrichtsthema ergeben; freies Schreiben zu selbst gewählten Themen, auch angeregt durch die Materialien; anregende Materialien auf einem Arbeitstisch: Bilder (Fotopostkarten von Tieren, Kunstpostkarten, Kinderbuchillustrationen), fantasieanregende Wörter, Textfragmente, gesammelte Gegenstände, Textmuster (Wendungen, Sätze als besondere Fundstücke in Kindertexten, in der Kinderliteratur); Ergänzung der normgerechten Schreibweise auf Texten in Klasse 1 und 2; Schriftgestaltung für besondere Texte (Überschriften, Buchstaben am Textanfang, Gedichte); Sammeln von Wörtern, Nachdenken über Schreibweisen, Forschen über Schreibweisen

Institutionen	Erzählrunde (siehe auch Mündlichkeit); Schreibgespräch und Schreibkonferenz zur Textberatung; Autorenlesungen (Kinder als Autoren, professionelle Autoren); überdauernde Schreibprojekte wie Klassentagebuch, Klassenbriefbuch, Zeitung, Buch; Brief- oder E-Mail-Partnerschaft; Schreibzeit; Übungsrunde für das Rechtschreiben, Rechtschreibkorrekturbüro (mit sicheren Rechtschreibern)
Kommunikation	Kommunikation in der Klasse über Schreiben, Schreibmotive, Schreiberfahrungen, Schreibstrategien, über Geschriebenes; Rechtschreibgespräche
Unterstützende Fähigkeiten	beim Schulanfang: Wörter lautieren, Laute segmentieren, Buchstaben aus der Schreibtabelle den Lauten zuordnen und aufschreiben; Methoden für Textplanung und Textüberarbeitung erarbeiten und nutzen: Ideenfelder, Cluster, Erzählfaden, Erzählkarten, Wortfelder, „schöne Sätze" …, Sprachproben wie Ergänzen, Weglassen, Umstellen …; Übungsmethoden zum Rechtschreiblernen erarbeiten und nutzen: methodisch abschreiben, verwandte Wörter finden und den Wortstamm markieren, Rechtschreibung begründen, nachschlagen, in Schreibsilben trennen, Wortartenprobe durchführen und Wörter flektieren …

Wieder werden einige der Beispiele im Folgenden näher ausgeführt.

Schreibanfang

Bei Schulanfang haben die Kinder sehr unterschiedliche Vorerfahrungen mit Schrift und Schreiben. Am einen Ende der Kompetenzskala stehen die Kinder ohne Wissen um Laut-Buchstabe-Beziehungen, ohne die Fähigkeit, bei Gesprochenem den Lautstrom besonders wahrzunehmen, Laute zu identifizieren und wiederzuerkennen und ohne den Drang, den oft beschwerlichen Weg in die Schrift entdeckend zu gehen. Am anderen Ende der Kompetenzskala stehen die Kinder, die schon Wörter und Texte lautlich erschreiben und erlesen und mit Eifer ihren Weg in die Schrift weiter gehen wollen, um alles lesen und schreiben zu können. Irgendwo zwischen diesen Extremen steht jedes Kind. In jeder Klasse finden sich verschiedene Niveaus der Entwicklung. Die beiden Kinderarbeiten zum Thema Herbst entstanden zwei Wochen nach Schulbeginn, nachdem die Kinder auf dem Schulhof und im Park gesehen hatten, wie im beginnenden Herbst sich die Blätter färbten und die ersten von den Bäumen fielen. Nun sollten sie ein Bild vom Herbst malen und konnten dazu schreiben.

Herbst ohne Worte, Herbst mit Wörtern

Wie können die einen Kinder auf den Weg in die Schrift gelockt werden, wie können sie erste Erfahrungen mit den Besonderheiten der Buchstabenschrift erwerben und zum eigenen Gebrauch von Schrift motiviert werden? Wie können zugleich die fortgeschrittenen Kinder in ihrem Entwicklungsstand gestärkt werden und wie können Anreize sein, dass sie ihren Weg in die Schrift weitergehen?

Diese Aufgaben sind nicht zusammenzubringen, wenn alle Kinder den gleichen Lehrgang durchlaufen sollen.

Ein Anfang mit den Namen der Kinder: Wie kann der Anfang gesetzt werden, der die einen nicht unter- und die anderen nicht überfordert, alle aber animiert, in der Welt der Buchstabenschrift auf eigene Entdeckungen zu gehen, zugleich aber auch miteinander zu arbeiten und voneinander zu lernen? Eine Möglichkeit ist der Anfang mit den Namen der Kinder: Die eigenen Namen sind dabei die ersten Schreib- und Lesewörter. Die Kinder beschriften damit ihre Bilder, ihre Hefte, sie schreiben ihren Namen mehrmals und mit verschiedenen Farbstiften auf ein Schmuckblatt, sie sammeln auf einem Namenblatt Autogramme von anderen Kindern, von Lehrerinnen, zu Hause von Verwandten. Sie betrachten die gesammelten Schriftzüge: Kann man die Buchstaben erkennen, welche kennen Kinder schon? Die Namen der Kinder können nun auch das erste Material sein, um Laute zu erkennen und Buchstaben mit Lauten zusammenzubringen: ANNA hat vorne und hinten denselben Buchstaben, bei ARIANE, ABEL und MURAT gibt es diesen Buchstaben auch. Wenn wir die Namen ganz langsam aussprechen, sie ziehen wie ein Gummiband, hören wir, wie der Laut zum Buchstaben klingt:/a/. Mit den Namen der Kinder könnten auf solche Weise alle Vokale erarbeitet und dabei könnte zugleich die Schreibtabelle (Buchstabentabelle, Anlauttabelle) eingeführt werden. Mit der Tabelle als Werkzeug können die Kinder Wörter und kleine Texte selbst erschreiben und dabei lernen, wie man aus Gesprochenem Geschriebenes macht und wie Laute und Buchstaben zueinander stehen.

Übungen im Erschreiben von Wörtern: Die hier abgedruckte Schreibtabelle enthält nur die Großbuchstaben und unten eine Leiste mit offenen Feldern. Kinder, die eigengesteuert schon vor der Schule zu schreiben beginnen, nehmen dabei vorzugsweise die Großbuchstaben. Deshalb spricht viel dafür, auch zu Schulbeginn zunächst mit den Großbuchstaben zu schreiben (und zu lesen). In Klassen mit schon fortgeschrittenen Lesern kann sicher auch sofort mit einer Tabelle gearbeitet werden, die neben den Groß- die Kleinbuchstaben anbietet. Für leistungsschwächere Kinder, auch für Kinder mit Deutsch als Zweitsprache, ist eine einfache Tabelle geeignet. Die Kleinbuchstaben können in diesen Fällen, um einige Wochen versetzt, rasch eingeholt werden. Die leeren Felder in der Leiste unten können von den Kindern mit Buchstaben und Buchstabenverbindungen gefüllt werden, die von der elementaren Laut-Buchstaben-Beziehung abweichen, sich aber in den Namen der Kinder befinden: SYLVIA findet zum Beispiel in ihrem Namen das Y, das wie I klingt, VINCENT findet V und C.

Die Bilder auf der Tabelle werden gemeinsam angeschaut, das entsprechende Wort wird gesprochen, auf den Anlaut hin abgehört. Kinder, die schon zu Schulbeginn Wörter lautlich erschreiben, wie auf dem Herbstbild BAOM oder HEAPST, brauchen nur eine kurze Einführung in den Gebrauch der Tabelle, mit anderen Kindern muss die Arbeit mit diesem Werkzeug intensiver geübt werden. Dazu einige Beispiele: Die Kinder haben zwei Spielfiguren und setzen sie auf das Feld, dessen Wort jeweils genannt wird: Der Esel trifft den Igel. – Im Nest liegt eine Feder. – Die Sonne versteckt sich hinter der Wolke. Die Anlaute werden deutlich, auch gedehnt gesprochen, von den Kindern in den Wörtern abgehört.

Wie mit Hilfe der Schreibtabelle Wörter erschrieben werden, kann gemeinsam geübt werden: MAMA, PAPA, OMA, OPA können solche ersten Wörter sein, die zu einem Bild geschrieben werden: Sie werden beim Sprechen wie ein Gummiband gezogen, zum ersten Laut wird auf der Schreibtabelle der zugehörige Buchstabe gesucht (Mama fängt wie Maus an, also: M), zum zweiten Laut kennen sie schon den Buchstaben: A usw. Bei jedem weiteren Buchstaben wird das bisher Geschriebene erlesen, mit dem Wort abgeglichen, das noch Fehlende abgehört usw. Die Arbeit mit der Schreibtabelle hilft beim Schreiben und übt ständig die Lautanalyse und Lautsynthese mit stetem Laut-Buchstaben-Bezug. Das macht das Schreiben mit dem Werkzeug der Tabelle so lernwirksam. Nach wenigen Wochen kennen die Kinder in der Regel die Tabelle oder abstrakter: die elementaren Laut-Buchstaben-Bezüge auswendig und brauchen die Tabelle nicht mehr. Sie hat sich überflüssig gemacht.

Das Abhören von Wörtern auf bestimmte Laute hin wird häufig in Übungen durchgeführt, bei denen die Stellung des Lautes (vorne – innen – hinten) durch ein Kreuz gekennzeichnet wird. Da die Kinder bereits Schreiberfahrungen machen und dabei Buchstaben schreiben, sollten sie das auch bei solchen Übungen tun. Die Abbildung zeigt ein leicht variiertes Übungsformat: Die Kinder hören ab, ob ein bestimmter Laut im Wort vorkommt und schreiben den Buchstaben in den Schreibraum. Im Beispiel sind das die Laute /a/ und /e/. Kommt der Laut vorne vor, wird der Buchstabe vorne geschrieben, entsprechend hinten oder irgendwo dazwischen. Kinder, die Wörter schon erschreiben, begnügen sich nicht mit dem einen Buchstaben, sondern versuchen, das ganze Wort zu erschreiben. Das Übungsformat ermöglicht, dass die Kinder auf jeweils ihrem Niveau die Wörter abhören und Laute Buchstaben zuordnen.

Häufig malen die Kinder die Buchstaben von einer Vorlage ab. Das führt auf Dauer oft zu wenig formklaren Buchstaben und zu unökonomischen Schreibbewegungen. Deshalb sollten mit Kindern die Bewegungsgrundformen geübt werden, die beim Schreiben der Druckbuchstaben nötig sind. Damit werden auch Bewegungsverläufe geübt, die für die später einzuführende verbundene Schrift nötig sind. Die folgende Tabelle zeigt solche Bewegungsgrundformen. Die Grundformen werden immer im Zusammenhang mit Buchstaben geübt (hierzu und zur Druckschrift als Schreibschrift siehe: Bartnitzky 2005).

	Bewegungs-grundformen	Großbuchstaben	Kleinbuchstaben
<u>Strich</u> senkrecht, waagerecht, schräg	| − / \	E F H I J K L T X Z	i j k l t x y z
zickzack	ᙠᙠᙠ	A M N V W Y	v w
<u>Arkade</u>	⋂⋂⋂		h m n r
<u>Girlande</u>	⋃⋃⋃	U	u
<u>Oval</u> - Linksoval	Ŏ	C G O Q	a c d e g o q
- Rechtsoval	ŏ		b p
<u>Bogen</u>	⊃ 3	B D P R	ß
<u>S-Bogen</u>	S	S	s

Schreibanregungen: Kinder brauchen zu ihrem Weg in die Schrift Anregungen zum Schreiben. Das betrifft Schreibimpulse und auch verschiedene Funktionen der Schrift. Die Kinder sollen dabei das Schreiben als nützlich, oft notwendig, aber auch als lustbetont erfahren. Beim Schreiben kann man Informationen aufbewahren, eigene Gedanken, Gefühle, Erfahrungen ausdrücken, sie für sich festhalten, sie anderen mitteilen. Schreibanregungen erwachsen aus dem Schulalltag, aus den Unterrichtsthemen und sind durch bestimmte Institutionen wie Briefkasten, freies Schreiben oder Klassentagebuch gegenwärtig.

Im *Schulalltag* gibt es immer wieder etwas zu notieren: Hausaufgaben, Stundenplanänderung, Anmeldungen zu Arbeiten in der freien Arbeit, Tagesplan, Klassenregeln, Beschriftung von Regalen und vieles andere mehr. Absprachen, die zwischen Lehrkraft und Kind getroffen werden, z.B. zu den Hausaufgaben, schreibt das Kind zur Erinnerung auf einen Zettel und legt ihn in ein Fach auf dem Lehrerpult. Vielfach fungiert die Lehrkraft dabei auch als Schreibmodell. Bei all diesen Schreibgelegenheiten erkennen die Kinder die Funktion von Geschriebenem: Es macht Gesagtes besser erinnerbar, Geschriebenes ändert sich nicht. Zu Hause kann man nachlesen, was man vormittags notiert hat. Die Lehrerin weiß am nächsten Tag noch, was verabredet wurde.

In einem besonderen Heft *Freies Schreiben* malen und schreiben die Kinder, was ihnen wichtig ist, was sie erlebt haben, was sie gefreut oder geärgert hat, welche Geschichte sie sich ausgedacht haben.

Schreiben eigener Texte

Um den Anregungswert des Heftes wach zu halten, ist seine regelmäßige Nutzung, seine Institutionalisierung in den Wochenplan wichtig. Zum Beispiel schreiben die Kinder am Montag nach dem Montagmorgenkreis in das besondere Heft: Vom Wochenende, von etwas, das sie im Gespräch besonders interessant fanden. Im Laufe der Zeit sammeln die Kinder aus Zeitschriften interessante Bilder, manche werden von der Lehrkraft mit leeren Sprechblasen ergänzt. Wer nichts vom Wochenende oder vom Gesprächskreis schreiben möchte, kann sich eines dieser Bilder wählen, es ins Heft kleben und dazu schreiben. Anfangs malen viele Kinder und schreiben ein Wort dazu, dann mehrere Wörter, später Sätze. Fortgeschrittene Kinder schreiben von Anfang an kleine Texte. Im Laufe des Schuljahres dokumentiert das Heft zum Freien Schreiben die Schreibentwicklung jedes Kindes.

Für einen *Klassenbriefkasten* schreiben die Kinder Botschaften an andere Kinder, an die Lehrkraft oder auch Beschwerden und Vorschläge an die ganze Klasse. Die Briefe werden von Postboten regelmäßig in der Klasse ausgetragen.

In einem *Klassentagebuch* können Ereignisse vom Schultag, also aus dem Unterricht oder aus den Pausen, durch Bild und Text festgehalten werden: über ein interessantes Thema, ein gemeinsam zusammengestelltes Plakat, die neue Verteilung der Klassendienste, einen Streit, über das, was dem Kind an diesem Tag besonders gefallen hat, was schwierig war. Im Laufe der Zeit setzen manche Kinder einen eigenen Kommentar dazu oder es wird eine Vereinbarung getroffen, die zum Geschehen ergänzt wird. Die Kinder verabreden dazu im Schlusskreis, wer für diesen Tag ins Klassentagebuch eintragen darf. Dies kann zunächst vorgeschrieben und am nächsten Tag dann „ins Reine", also ins Tagebuch geschrieben werden.

Bei allen *gemeinsamen Unterrichtsthemen* werden Schreibanregungen gewonnen, die auf den verschiedenen Niveaus erfüllt werden können. Zum Beispiel wurden beim Thema: Was ich gerne mache die Kinder fotografiert. Zu ihrem

Foto schrieben die Kinder. Werden solche Blätter veröffentlicht, kann die Lehrerin den Kindertext noch einmal in normgerechter Schreibung dazuschreiben und damit auch Gelegenheit geben, Schreibweisen miteinander abzugleichen.

Beim Thema *Fernsehen* können die Kinder malen, aus Fernsehzeitschriften ausschneiden, was sie gerne sehen und dazu schreiben. Beim Thema *Verkehr* malen die Kinder Schulweggeschichten, schreiben in Sprechblasen dazu, was die Kinder sagen, schneiden Fahrzeugbilder aus, kleben sie auf, ergänzen die Namen der Fahrzeuge.

Besonders gerne schreiben Kinder in *Formulare*, weil sie damit zum Schreiben schon eine Strukturstütze haben und das Blatt bereits ansehnlich vorgestaltet ist. Das erste kann bereits das Selbstbild vom 1. Schultag sein: MEIN 1. TAG IN DER SCHULE. Darunter malt das Kind sich mit Schultüte und schreibt den eigenen Namen dazu. Weitere Formulare sind Ich-Blätter zu verschiedenen Themen wie: Was ich gerne esse und trinke. Was ich gerne anziehe. Was ich gerne mache, was ich nicht so gerne mache … Steckbriefe zum Schmusetier, über ein Lieblingstier … Ein Rezept für ein leckeres Brot und anderes mehr.

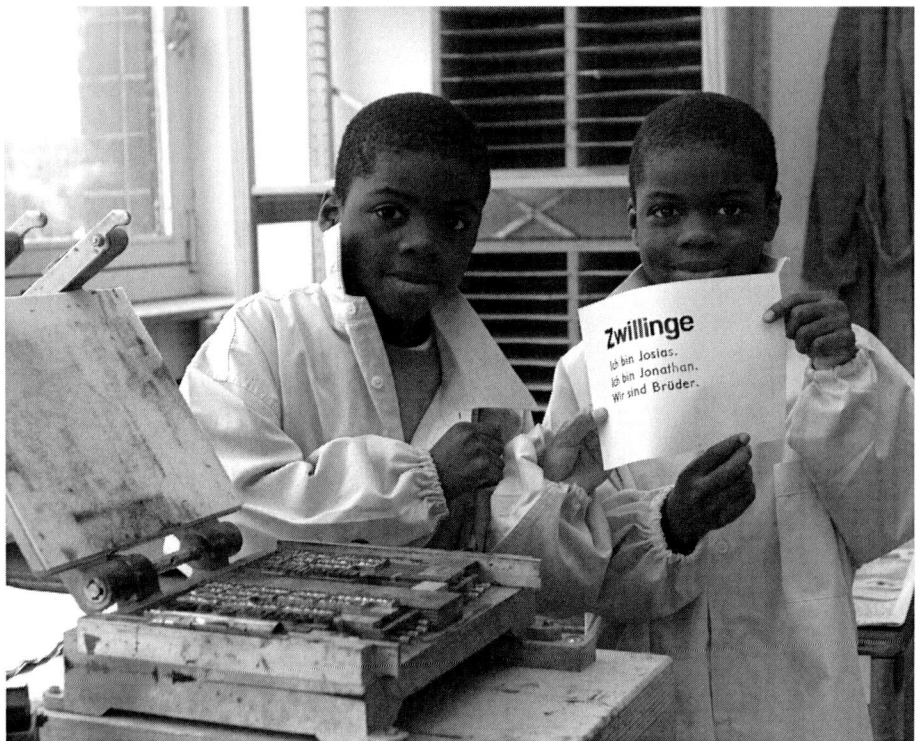

Druckerei

Zum Rechtschreiben: Strittig ist die Antwort auf die Frage: „Ab wann und wie sollen die Kinder das normgerechte Rechtschreiben erlernen?" Die Extreme reichen von: „In den beiden ersten Klassen kein Thema" bis „Von Anfang an sollen die Kinder lernen, richtig zu schreiben." Beispiele wie das oben abgebildete von dem kleinen Handwerker zeigen, dass beides miteinander zu verbinden ist: das individuelle Schreiben und die Aneignung der normierten Rechtschreibung. In dem Kindertext finden sich neben lautnahen Schreibungen (HEMA, HAMA, NEGL) normgerechte Schreibweisen von Wörtern, die das Kind im Unterricht in der korrekten Schreibung kennen gelernt hat: bei Ich-Texten mit den Wörtern:

WAS ICH GERN ESSE (oder trinke, anziehe, im Fernseher sehe ...). Auch Wortgrenzen, die man beim Sprechen gar nicht hört, wurden beachtet. Die Lehrkraft ergänzte zudem den Kindertext mit der normgerechten Schreibung, nicht um ihn zu korrigieren, sondern um den Text auch so anzubieten, wie er zum Beispiel in gedruckten Büchern stehen würde. Die Kinder, Schreiber wie Leser, vergleichen unaufgefordert die Schreibweisen und erfahren auch dabei die Geregeltheit der Rechtschreibung. Eigene Wege der Kinder in die Schrift, freies Schreiben von Anfang an kann mit dem zunehmend intensiveren Blick auf normgerechtes Schreiben einhergehen. Wie dies Zweite, der zunehmend intensivere Blick, gestaltet werden kann, soll an einigen Beispielen deutlich werden.

Wichtige *Schreibwörter* werden gesammelt, lautlich strukturiert, Merkstellen werden farbig markiert. Zu den Unterrichtsthemen werden Wörter auf Plakaten gesammelt, die den Inhaltsbereich sprachlich fixieren und den Kindern ein Angebot für ihr Schreiben machen.

Die Kinder können ein kleines Vokabelheft führen: „Meine Wörter", in das sie Wörter eintragen, die für sie wichtig sind und die sie bei ihren eigenen Texten brauchen. Ein Kind zum Beispiel brauchte die Wörter Meerschweinchen und Käfig, weil es über sein Haustier schreiben wollte. In dem Heft Meine Wörter wächst damit ein eigener Wortschatz. Beim Thema Verkehr können für alle Kinder wichtige Schreibwörter sein: das Rad, das Auto, die Ampel, links, rechts, rot, grün, warten, gehen; individuelle, also „meine" Wörter mögen sein das Fahrrad, die Autobahn, ein Unfall, der Kindersitz, die Panne, tanken ... Beim Thema Tiere können Schreibwörter sein: das Tier, fliegen, schwimmen, laufen, kriechen, der Käfig, die Leine, der Zoo, füttern ... Individuell sind vermutlich Wörter wie das Meerschweinchen, das Pferd, die Katze, die Katzenstreu, mein, kuschelig ... Die Kinder müssen diese Wörter nicht alle schon normgerecht schreiben, aber die Wörter sind im Schreibangebot; das eine oder andere kann als Modell dienen, um über die Rechtschreibung auch miteinander nachzudenken.

Das Augenmerk wird auf *Rechtschreibmuster* gelenkt, das sind reguläre Abweichungen von der elementaren Laut-Buchstabe-Beziehung ein Laut – ein Buchstabe. Beim Thema Tiere z.B. ist das -ie- auffällig. Es ist der Magnet, mit dem nun im Gedrucktem Wörter gesucht werden, die auch ein solches –ie- haben. Deren Bedeutungen werden geklärt, die Wörter werden auf ein ie-Plakat geschrieben, das -ie- wird dabei besonders markiert. Ähnlich kann verfahren mit Pf bei Pferd, mit sch, später auch sp und st usw. Solche Übungen fördern die orthografische Strategie.

Hinzu kommen erste *morphematische Klärungen*. Bei Verben in der Grundform wie tanken, laufen, kriechen wird der Wortbaustein –en markiert, andere Wörter mit demselben Baustein werden gesucht und dazu geschrieben. Ebenso -er bei Nomen, später ver- und vor- als Vorsilben usw. Morphematische Strategien sind in den weiteren Schuljahren ein Schwerpunkt der Rechtschreibarbeit.

Solche Klärungen, Sammel- und Strukturierungsarbeiten, integrativ oder in didaktischen Schleifen, fördern schon in Klasse 1 ein Bewusstsein für die Normorientierung und die Übernahme von Schreibweisen, von Mustern und Regelungen in das eigene Repertoire. Ein Irrtum wäre aber, wenn man annimmt, dass die Arbeit an einem solchen Phänomen sogleich bei allen Kindern zu entsprechender Beachtung beim Schreiben führt. Dies sind Anregungen, die Kinder unterschiedlich schnell verarbeiten.

Ausführlicheres zum Schreibanfang ist in vielen Fachbüchern zu lesen, hier nur vier Hinweise: Balhorn u. a. (1998), Brügelmann/Brinkmann (1998), Dehn (2006), Dehn/Hüttis-Graff (2006).

Schreibprozess

Wer etwas aufschreibt, hat eine Schreibidee oder ein Schreibziel: Ein Einkaufszettel soll helfen, nichts zu vergessen; ein Brief soll den Adressaten über bestimmte Neuigkeiten informieren; der Tagebuchtext soll Gedanken, Gefühle, Erlebnisse klären und zur Erinnerung bewahren. Dem Aufschreiben selbst geht eine Schreibplanung voraus: In den Beispielen ist durch die Textsorten die Struktur der Texte vorgegeben, hinzu kommt eine mehr oder weniger genaue Vorstellung von dem, was man schreiben möchte und womit man zu schreiben beginnt. Nun steht ein halber Satz da, aber wie soll er weitergehen? Man geht mit sich zu Rate: einen passenden Satzschluss finden oder durchstreichen und noch einmal neu anfangen? Beim Einkaufszettel geraten vielleicht zunächst die Waren durcheinander, sie wurden eben so aufgeschrieben, wie sie gerade in den Sinn kamen. Was man auf dem Markt besorgen möchte, steht nun aber zwischen den Drogerieartikeln. Die Liste wird auf einem zweiten Zettel neu und übersichtlicher sortiert. Was hier geschieht, ist das Zusammenspiel von Entwerfen, Sich-Beraten und Überarbeiten. Am Ende steht dann der fertige Text.

Was für alltägliche Texte gilt, ereignet sich ausdrücklicher, wenn man Fachaufsätze oder literarische Texte schreibt: Nach der Klärung des Schreibziels, der Schreibidee plant man, was man zu Papier oder auf den Bildschirm bringen will, mehr oder weniger präzise. Vielleicht steht nach dem ersten Schreibschwung der Text, dann sieht man ihn kritisch durch, überlegt, berät sich möglicherweise auch mit anderen, verbessert, stellt Passagen um, ändert Textteile. Oder der Text entsteht Zeile für Zeile am Computer, immer wieder liest man das Geschriebene kritisch gegen, ändert, feilt. Den Text gibt man jemandem zum Lesen, der markiert Stellen, die grammatisch oder rechtschriftlich Fehler haben, die man schwer versteht, Gedankensprünge. Mit diesen Markierungen nimmt man sich erneut den Text vor und redigiert ihn.

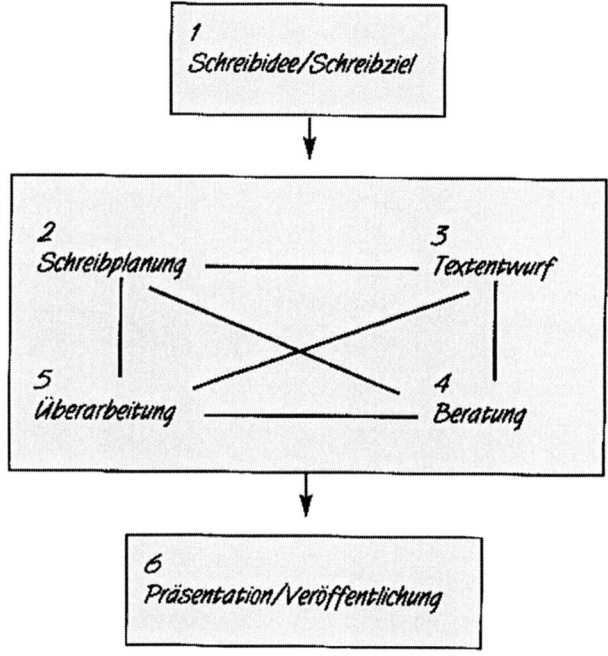

Die Abläufe von Schreibprozessen lassen sich auf diese sechs Phasen hin generalisieren (siehe z. B. Spitta 1998, S. 20 ff.). Die Binnenphasen 2 bis 4 können getrennt verlaufen, zumeist sind sie aber, wie oben in den Alltagsbeispielen, durch vielfältige Hin-und-her-Bewegungen charakterisiert. Didaktisch zeigt dieser Blick auf Schreibprozesse, dass die schlichte Aufforderung: „Schreibt zu diesem Bild, zu dieser Überschrift, mit diesen Wörtern einen Aufsatz" den Kindern keine Unterstützung und Hilfe gibt, ihre Schreibkompetenz sichtbar zu machen oder gar sie zu fördern. Das nämlich erforderte zweierlei:
- erstens, dass der Schreibanlass ein Schreibziel haben muss, das dem Schreiben einen Sinn gibt, vorzugsweise ein Schreibziel, das die Kinder als ihr eigenes Schreibziel verstehen können,
- zweitens, dass dann die Kinder die Phasen des Schreibprozesses durchlaufen können und im Unterricht Methoden und Arbeitsweisen erwerben und üben, mit deren Hilfe sie sich in diesen Phasen weiter qualifizieren.

Unterricht, der Schreibkompetenz entwickelt, muss deshalb den Phasen des Schreibprozesses besondere didaktische Aufmerksamkeit schenken. Das bedeutet, Kindern Gelegenheiten und Zeit für den Schreibprozess geben, aber auch Fähigkeiten und Methoden vermitteln, wie sie Textideen entwickeln und Texte planen können, wie sie aus dem Schreibziel inhaltliche, sprachliche, formale Gesichtspunkte gewinnen und wie sie einen Textentwurf dementsprechend überarbeiten können. Planen, Entwerfen, Sich-Beraten, Überarbeiten sind deshalb wichtige Lernsituationen.

Nicht bei jedem Text wird man die Stationen Entwurf – Beratung – Überarbeitung in gesonderten Unterrichtsphasen durchlaufen, denn nicht bei jedem Text ist diese ausführliche Erarbeitung erforderlich. Sie sollte aber immer dann zum Standard gehören, wenn die Texte einen höheren Grad an Aufmerksamkeit erhalten, zum Beispiel weil sie Teil eines gemeinsamen Geschichtenbuchs werden, zu einer Tierkartei zusammengestellt, in der Klassenzeitung veröffentlicht oder bei einer Autorenlesung vorgelesen werden, kurz: weil sie präsentiert werden und deshalb optimal sein sollen. Ein persönliches Lesetagebuch, eine Tagesnotiz, der Bericht einer Gruppe über ein Experiment, ein Übungstext zu einer Teilfähigkeit – solche Texte werden niedergeschrieben und bleiben so. Allerdings wird die ausführliche Arbeit in den gesonderten Phasen des Schreibprozesses auch Auswirkungen auf das Schreiben einmal niedergeschriebener Texte haben: Schreiben wird den Kindern als Prozess bewusster und in der Gestaltung überlegter.

Schreibideen und Schreibziele: Zur Gewinnung von Schreibideen wurden in den letzten Jahrzehnten, auch angeregt durch die internationale Schreibbewegung, viele Vorschläge gemacht. Da dies häufig Ideen sind, die auch für das mündliche Erzählen und Vortragen gelten, finden sich etliche bereits im Kapitel 7.1 Mündlichkeit; auch im vorigen Abschnitt Schreibanfang finden sich Möglichkeiten, die in den folgenden Klassen weiter verwendet und ausgebaut werden können.

Das Schreibziel ist der Motor zur Ideenfindung. Es legt auch fest, in welcher Hinsicht Ideen ausgedacht, kreiert werden, so wie es auch die Schreibplanung mitbestimmt. Bei Schreibprojekten ist das Ziel ein veröffentlichtes Schreibwerk: ein Geschichtenbuch, eine Klassenzeitung, ein Märchenbuch, eine Chronik, ein Forscherbuch, eine Steckbriefsammlung zu den Hobbys der Kinder, zu Tieren, zu Verkehrszeichen, zu Figuren in Kinderbüchern, Büchertipps, Gedichte und anderes mehr. Schreibziel kann auch die eigene Geschichte, das Gedicht sein für die eigene Mappe, als Geschenk für jemanden, zum Vorlesen bei der Autorenlesung in der Klasse, im Literaturcafé. Davon wird im Absatz Präsentation noch zu berichten sein.

Im Folgenden seien zu Schreibideen exemplarisch einige unterschiedliche Möglichkeiten skizziert.

Freies Schreiben: Hierbei gewinnen die Kinder ihre Schreibideen selber. Ihr Schreibziel mag die Lust am Fabulieren sein, die Aussicht, den Text später vorzulesen, für ein Geschichtenbuch weiterzugeben, ihrem Heft mit freien Texten einen weiteren beizusteuern. Kinder brauchen dazu Anregungen, die sie aus ihren Erlebnissen, ihren Tagträumen gewinnen, anregend sind auch Bilder, Gegenstände oder Textelemente.

– Fotos aus Zeitschriften können Kinder anregen, dazu zu schreiben. Tiere, Fahrzeuge, exotische Landschaften, Stadtszenen, Portraits von Menschen sind zum Beispiel entsprechende Inhalte. Das Foto können sie dann zu ihrer Geschichte kleben.

- Bei Kunstpostkarten können Geschichten in die Darstellung hinein erfunden werden z. B. wenn die Personen in ihrer Umgebung lebendig werden, wenn die Kinder überlegen, was zuvor geschehen ist, was nun geschehen mag.
- Kinderbuchillustrationen, aus den Büchern kopiert, können zu Ideen für eigene Geschichten anregen.
- Alltagswörter, auf Kärtchen in einem Korb oder in einer Dose gesammelt, wie Fahrradspur, Schiedsrichter, schleichen oder besondere Wörter wie Gespenst, Leuchtturm, Meteorit, Zaubermaus, Leckerschmecker können Fantasien freisetzen.
- Gegenstände, Fundstücke wie ein rostiger Schlüssel, eine schön geformte Muschel, eine seltsam geformte Kartoffel können Anstoß für eine Geschichte werden.
- Anfänge von Geschichten können zum Weiterspinnen animieren: 'Steig auf', sagte mein Wellensittich und flog mit mir ... Mitten in der Nacht konnte meine Puppe ... Als ich auf unserer Trauminsel ankam ... Einmal wurde mein Spielzeugauto immer größer und größer ...

Die Verlage bieten in großer Zahl Anregungsmaterialien an: Bildimpulse, angefangene Geschichten und anderes mehr. Zur weiteren Förderung der Kreativität können auch zwei Sachen per Zufallsentscheid miteinander kombiniert werden: der Gegenstand (ein rostiger Schlüssel) und ein Wasserwort (Wasserfall) zum Beispiel.

Allerdings: Die Auslage solcher Materialien auf einem Schreibwerkstatt-Tisch führt noch nicht zu einer entsprechenden Nutzung. Auch bei schreibfreudigen Kindern kann die Schreiblust erlahmen und weniger schreibfreudigen, auch fantasieärmeren Kindern fehlt der Ideenschub. Ein Grund dafür ist, dass die Materialien von außen vorgegeben sind und die Kinder selbst sich wenig damit identifizieren können. Es sind nicht ihre Materialien. Kinder sollten deshalb an dem Aufbau der Schreibwerkstatt mitarbeiten. Die Kinder sammeln schöne oder interessante Wörter: Von einem Unterrichtsgang durch den Wald oder an den Fluss, von der Beobachtung auf einer Wiese werden Wald-, Wiesen- oder Flusswörter mitgebracht und in einer speziellen Schachtel oder Dose gesammelt. Besondere Fundstücke wie der rostige Nagel oder eine Kachelscherbe werden angeschaut. Kann man dazu eine Geschichte schreiben? Bei der Vorstellung eines Lieblingsbuches wählt das Kind auch eine Illustration aus, die dann kopiert und zur Schreibwerkstatt ergänzt wird. Bei einem Museumsbesuch wählt jedes Kind eine Kunstpostkarte für die Schreibwerkstatt aus.

Beim freien Schreiben entscheidet das Kind selbst, was mit dem Text geschehen soll: Es schreibt ihn in das eigene Heft mit freien Texten und ist privater Besitz des Kindes. Oder: Es liest ihn im Geschichtenkreis, in der Versammlung den anderen Kindern vor, die dann dazu auch Lobendes und Kritisches sagen dürfen. Oder: Das Kind will seinen Text für ein Geschichtenbuch o. ä. beisteuern und lässt sich deshalb von einigen anderen Kindern in einer Schreibkonferenz beraten, um den Text dann für das Buch zu überarbeiten. Näheres hierzu findet sich im Folgenden beim Abschnitt: Beratung.

Ein ständiger Impulsgeber, eine sprudelnde Quelle für Schreibideen sind die *Unterrichtsthemen*, insbesondere, wenn sie projektartig angelegt sind und die Texte der Kinder dabei eine Funktion haben. Dann sind alle Textsorten möglich.

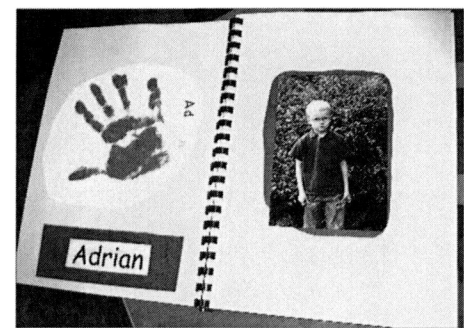

Ich-Bücher

Bücher über Sachthemen

Sachtexte: Beim Thema Tiere zum Beispiel spezialisieren sich die Kinder auf Tiere, die ihnen besonders wichtig oder interessant sind und schreiben dazu für ein Tierbuch der Klasse, eine Tierkartei oder ein eigenes Expertenheft.

Beim Thema Arbeitsplatz Schule interviewen die Kinder Personen, die in der Schule arbeiten und schreiben die Ergebnisse zu einem Foto der Person auf. Die Texte sollen in der Schulzeitung veröffentlicht werden.

Zum Thema Von früher schreiben sie zu jedem ihrer bisherigen Lebensjahre, was es Besonderes hierzu zu berichten oder auch zu erzählen gibt. Die Texte werden zu einem individuellen Leporello (mit Klebestreifen aneinander geklebte Folientaschen) zusammengefügt, immer eine Seite pro Lebensjahr.

Beim Thema Erfindungen erfinden die Kinder auch skurrile oder nützliche Dinge, zeichnen und beschreiben sie für eine Ausstellung.

Meinungstexte: Streitthemen der Kinder werden in Rollenspielen bearbeitet. Dabei wird ausprobiert, welche Lösung für alle fair ist. Die Kinder unterscheiden: Der Streit fängt an. / Der Streit geht weiter. / Der Streit wird gelöst. Über die möglichen Lösungen tauschen sie ihre Meinungen aus. Der Aspekt der Fairness für alle Beteiligten ist dabei leitend. In diesem Zusammenhang werden Streitfälle auch schriftlich auf Karten gesammelt. Die Kinder schreiben Streitgeschichten auf. Sie können die Streitfälle aus der Sammlung wählen oder über einen für sie wichtigen Fall bis zu einer möglichen Lösung schreiben. Die Texte werden anderen Kindern gegeben, die ihre Meinung zum Streit und zur vorgeschlagenen Lösung dazu schreiben können. Über die verschiedenen Lösungen und Meinungen kann in der Klasse diskutiert werden.

Beim Thema Fernsehen schreiben die Kinder über ihre Lieblingssendung. Buchempfehlungen können in einer Unterrichtseinheit Lesezeit erarbeitet werden, Büchertipps können die Kinder aber auch jederzeit schreiben, wenn es ein Forum gibt, auf dem diese Empfehlungen weitergegeben werden können.

Gebrauchstexte: In allen Unterrichtseinheiten entstehen funktionale Ideen für Gebrauchstexte. Das können sein: Fragensammlungen zum Thema, ein Inhaltsverzeichnis zur Textsammlung, ein Lexikontext zu einem Expertenthema für den Lexikonordner in der Klasse, Einkaufszettel für das gemeinsame Frühstück, Rezepte für verschiedene Brotbeläge, Tischreiter, Erklärungstafeln, Einladungen für eine Ausstellung, Einladung und Programmfolge für einen Märchennachmittag, für einen Rittertag und vieles andere mehr.

Erzähltexte: Die Schreibideen können mit allen Kindern so gewonnen werden, wie dies oben bei den Ideen für das individuelle freie Schreiben dargestellt wurde. Hier noch weitere Beispiele, auch für umfangreichere Erzählprojekte:

Zu Karneval kommen die Kinder verkleidet zur Schule. Jedes Kind wird fotografiert. Zu seinem Foto erzählt jedes Kind, was es in dieser Verkleidung gerne erleben möchte. Der Textanfang lautet:

> Es hätte einer dieser ganz normalen Tage werden können, ein normaler Tag nach einer normalen Nacht. Aber es kam anders. Ich wachte auf als .... Mein Leben war verändert ...

Beim Thema Weltraum gewinnen die Kinder aus Bildern von Miró Ideen, wie Fantasiewesen im Weltraum unterwegs sind. Eine Rahmengeschichte wird dazu gegeben: Zwei dieser Wesen haben immerzu Streit, der Planetenrat verurteilt sie zur Reise in andere Welten, von denen sie als Freunde zurückkommen müssen. Die Texte sollen später zu einem Buch gebunden werden oder als Ideen für das Schattentheater dienen.

Beim Thema Abenteuerreise entscheiden sich die Kinder in Gruppen für ein Reiseland, das sie besonders interessiert. Zu ihrem Reiseland recherchieren sie Informationen und stellen sie in einem Steckbrief zusammen. Dann sammeln und betrachten die Kinder besondere Gegenstände, die neugierig machen können, ein altes Hufeisen, einen großen Schlüssel, eine kleine Bronzefigur, einen besonders marmorierten Stein ... Welchen der Gegenstände könnten sie in dem Land ihrer Wünsche an einem besonderen Ort finden – in der Wüste, im Gebirge, auf einem Basar, auf einem Parkplatz? Welche Geschichte kann daraus entwickelt werden?

Poetisches Schreiben: Schreibideen können durch literarische Vorgaben angeregt werden: durch einen literarischen Text, durch seine Sprache, seine Struktur. Die Kinder gewinnen aus den literarischen Beispielen sprachliche, gestalterische, strukturelle Substanz für eigene poetische Texte. Anregende Texte können Texte aus der Kinderliteratur sein, besondere Textstrukturen z. B. von Märchen, Fabeln oder von Gedichten wie Haiku, Elfchen, Rondell, anregend können auch besondere Methoden sein wie einen Paralleltext schreiben, eine literarischen Figur in einen anderen Zusammenhang bringen, Zeilenbrechen und dabei aus einem Prosatext ein Gedicht gestalten.

Einige Beispiele:

Beim Thema Märchen werden beim Lesen von Märchen Märchenwörter (Personen, Orte, Gegenstände) sowie märchenhafte Sprachwendungen gesammelt. Daraus werden Anregungen für eigene Märchen gewonnen. Die Märchen sollen zu einem eigenen Märchenbuch gestaltet oder bei einem Märchennachmittag mit Eltern vorgelesen werden.

Das Lesen von Pippi-Langstrumpf-Geschichten kann anregen, die Figur Pippi auch in anderen Geschichten auftreten und mitspielen zu lassen, die dann natürlich ganz anders verlaufen: Pippi und die wilden Hühner. Oder: Pippi und die wilden Kerle. Pippi trifft Hänsel und Gretel.

Beim Thema Unsere Sinne haben die Kinder sich auch mit den Sinneswahrnehmungen befasst. Die dazu passenden Verben geben nun die Struktur für Gedichte vor:

    (1. Zeile: Thema)
    Nichts sehen als ...
    Nichts fühlen als ...
    Nichts hören als ...

Nichts schmecken als ...
Nichts riechen als ...
(letzte Zeile: Schluss)

In Verbindung mit Gegebenheiten, die Empfindungen auslösen, wie Glück, Traurigkeit, Streit, Versöhnung, Freundschaft, Enttäuschung, auch Regen, Schnee, Ferien usw. können bildhafte Gedichte entstehen.

Winter

Im Park.
Nichts sehen als Kinder, die im Schnee toben.
Nichts fühlen als kalten Wind.
Nichts hören als Lachen und Weinen.
Nichts schmecken als heißen Kakao.
Nichts riechen als den Duft frischer Plätzchen.
Zwischen zwei Schneeflocken wissen:
Es ist Winter.

Beim Thema Herbst sammeln die Kinder Herbstwörter in einem weiten Wortfeld. Sie schreiben Herbstsätze wie: Ich ziehe einen warmen Pullover an. – Die Blätter fallen von den Bäumen. - Es regnet den ganzen Tag. – Ich schaue aus dem Fenster in den Regen. In einem Rondell zum Herbst entdecken die Kinder die Gedichtstruktur.

Herbst

Draußen ist es ungemütlich.
Die Tage werden kürzer.
Kühler Wind weht durch die Straßen.
Draußen ist es ungemütlich.
Der Regen hört gar nicht mehr auf.
Alles ist kalt und nass.
Draußen ist es ungemütlich.
Die Tage werden kürzer.

Die Kinder wählen einen ihrer Sätze und setzen ihn in die 1., die 4. und in die 7. Zeile. Dann schreiben sie weiter, füllen also die leeren Zeilen und nutzen dabei auch das Wortfeld. Im Laufe des Schuljahres schreiben sie zu jeder Jahreszeit mit Hilfe von Sätzen und Wortfeldern Rondell-Gedichte.
Weitere Anregungen insbesondere zum kreativen Schreiben in Böttcher (1999).

Schreibplanung: Mit Schreibidee und Schreibziel sind schon Schritte der Schreibplanung getan: Entscheidungen zur späteren Verwendung des Textes, entsprechend zu seinem Inhalt, zu seiner Struktur. Diese Vorgaben entstehen mit den Kindern, zum Teil durch die Kinder, zum Teil durch die Lehrkraft und die Kinder übernehmen sie in ihre Gedanken.

Bei den eigenen Märchen zum Beispiel gehört zur Schreibidee bereits die Vorstellung davon, was Märchen sind, und die Verfügung über Märchenwörter und märchenhafte Wendungen. Bei den Fundstücken entsteht die Schreibidee erst durch Fragen zum Gegenstand wie: Wie ist er dorthin gekommen? Wer hat ihn gehabt? Welche Zauberkraft kann er haben? Wenn er erzählen könnte ... Solche Fragen entstehen aus Ideen der Kinder oder werden als Impulse der Lehrkraft gegeben; sie klären, dass eine Geschichte zum Fundstück erzählt werden kann, zugleich sind sie eine erste Phase der Textplanung. Bei vorgegebenen Textstrukturen wie beim Rondell und den Satzideen ist der Planungsaspekt schon bei der Schreibidee zum großen Teil verwirklicht.

Aus dem Repertoire für mündliches Erzählen sind die Planungsmethoden auch für das Schreiben wichtig: Ideen in einer *Ideensammlung* oder in einem *Cluster* erzeugen und sammeln, mit *Erzählkarten* die Geschichte in Erzählschritten strukturieren, *Wortfelder* zum Thema füllen und damit Wortmaterial für das Schreiben zur Verfügung haben.

Dazu einige Beispiele:

Beim Rahmenthema Wiese wird auch mit Hilfe des dabei erarbeiteten Wissens über Pflanzen und Tiere der Wiese ein Fantasiethema angeregt, das zu Geschichten für ein besonderes Wiesenbuch führen kann. In ein großes Fotoplakat von einer Wiese wird ein Kinderfoto montiert, so dass das Kind etwa daumengroß ist: „Er war so klein wie ein Daumen" ist die Leitidee. Erzählideen können dazu assoziiert und erfunden werden. Dazu gibt es verschiedene Möglichkeiten: Die Kinder können im Klassengespräch Ideen sammeln, die Lehrkraft schreibt sie mit, oder sie können allein oder mit dem Partner Ideen auf das Blatt schreiben oder auf Klebezettel, die dann auf ein großes Plakat geklebt werden. Oder die Ideen werden im stillen Schreibgespräch gewonnen: Am Gruppentisch für vier Kinder liegt ein großer Papier- oder Plakatbogen, das Bild oder der Satz wird in die Mitte gelegt, bzw. geschrieben und eingerahmt. Dies ist die Leitidee. Jedes Kind schreibt nun dort, wo es sitzt, Ideen und Gedanken dazu auf. Dann wechseln die Kinder ihre Plätze, lesen, was zuvor geschrieben wurde, und können hinzufügen, was ihnen dazu einfällt.

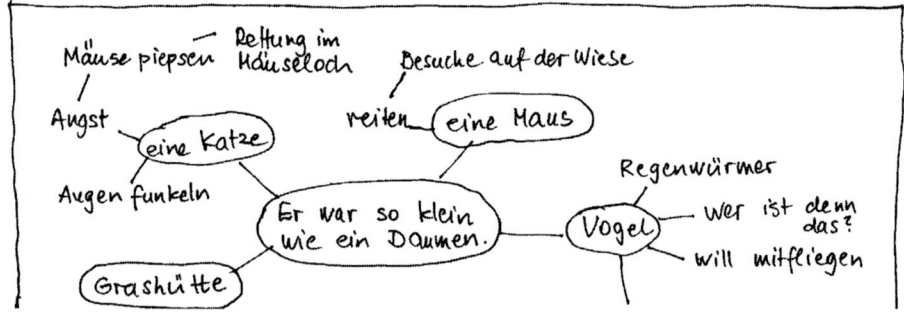

Die Kinder können eine der Ideen aussuchen und erfinden damit ihre Geschichte. Für die sprachliche Ausgestaltung sind die Wortfelder hilfreich, die zum Unterrichtsthema Wiese erstellt wurden, mit Namen der Tiere und Pflanzen, mit Verben (blühen, zertreten, kriechen, krabbeln …) und Adjektiven (grün, feucht, glitschig, hart …). Leitend für die Struktur der Geschichte kann zunächst der einfache Dreischritt mit den drei Erzählkarten sein: So fing die Geschichte an. / So ging die Geschichte weiter. / So ging die Geschichte zu Ende. Die Kinder kennen vielleicht schon die Möglichkeit, den Hauptteil in mehrere Erzählschritte einzuteilen, also mehrere Erzählkarten zu verwenden. Sprach- und ideenstarke Kinder können damit selbstständig ihre Geschichte planen, probeweise dem Partner mündlich erzählen, eventuell die Erzählkarten noch verbessern, auch besonders gute Ideen, passende Wörter dazuschreiben. Mit sprachschwächeren Kindern kann die Lehrkraft die Geschichte mündlich entwickeln und die Erzählkarten miteinander ausfüllen.

Als Schreibaufgabe wird besprochen:
- Eine Geschichte schreiben, was dem Däumling auf der Wiese geschieht, dazu eine Idee aussuchen.
- Mit Erzählkarten schreiben: wie die Geschichte anfängt, was genau geschieht und wie sie zu Ende geht.
- Passende Wiesenwörter aus den Wortfeldern verwenden.

Ergänzt wird ein Gestaltungsaspekt, der zuvor schon erarbeitet wurde und für diese Texte wichtig sein kann, zum Beispiel:
- Die Mitspieler sprechen lassen: wörtliche Rede verwenden.

Auch bei Sachtexten mit einer Abfolge des Geschehens geben die Erzählkarten eine Hilfe zur Textplanung. Dabei können die Erzählkarten im Text variiert werden. Bei den Streitgeschichten können die Karten wie folgt aussehen:

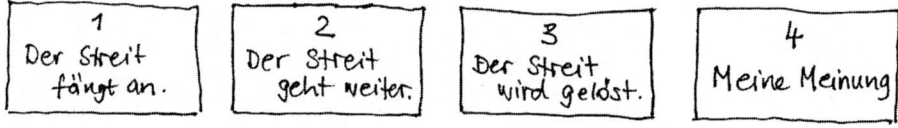

Eine Variante zu den Erzählkarten, die bei einer Reihe von Sachtexten angewendet werden kann, ist das Formular, das den Text vorstrukturiert. Es wird mit den Kindern entwickelt. Beim Thema Tier recherchieren die Kinder Informationen zu ihrem Lieblingstier. Sie berichten mündlich über Ergebnisse. Dabei werden die wiederkehrenden Oberbegriffe festgehalten und zu einem Steckbrief, der für alle Tiere zu nutzen ist, gestaltet: Name des Tieres / Aussehen / Ernährung / Lebensraum / Besonderheiten. Die Steckbriefe sollen zu einem Tier-Abc zusammengeheftet werden. Zu den Schreibhinweisen gehört neben der Beachtung der Formularrubriken auch die Verwendung der Fachwörter zum jeweiligen Tier.

Im Rahmen der Interviews mit Personen, die in der Schule oder in Geschäften des Stadtteils arbeiten, wird ein Steckbrief erarbeitet: Name/Beruf/ Tätigkeiten/Was musste man dazu lernen?/Was gefällt bei der Arbeit gut?/Was gefällt nicht so gut?/Was ist sonst noch interessant?

Beim Thema Fernsehen berichten Kinder von ihren Lieblingssendungen. Für eine Broschüre zum Thema wird gemeinsam eine Struktur für die Darstellung der jeweiligen Sendungen gefunden, die neben Inhalt und Bewertung Fan-Informationen enthält sowie Szenenfotos und Ausschnitte aus Fernsehzeitungen.

Bei Erzähltexten können Steckbriefe über Personen, Orte oder wichtige Gegenstände eine hilfreiche Planungsarbeit sein. Bei den Fundstücken können folgende Rubriken erarbeitet werden: Wie heißt der Gegenstand?/Er ist ein Zauberding. Was kann man damit machen?/Wer hat ihn gehabt?/Warum wurde er hierhin gelegt oder verloren?

Textentwurf: Damit bei der Beratung Korrekturen und Ideen ergänzt werden können, ist besonderes Entwurfspapier hilfreich: Es hat vor jeder zweiten Zeile einen Stift, der signalisiert: In diese Zeile schreiben. Damit bleibt immer eine Zeile für Ergänzungen frei.

Solcherart präparierte Schreibbögen findet man bisweilen bei Unterrichtsmaterialien als Kopiervorlage, sie können aber als Vorlage für Kopien leicht selbst hergestellt werden. Wenn die Korrekturen und Vorschläge für Überarbeitungen in einer anderen Farbe geschrieben werden, dann bleibt das Manuskript für das Kind übersichtlich.

Beratung: Mehrere Möglichkeiten, die Beratung zu organisieren, wurden unterrichtspraktisch entwickelt. Traditionell ist die *Rückmeldung durch die Lehrkraft* – mündlich oder schriftlich als Kommentar unter dem Text. Dieser Weg wird kommunikativ und für den Schreibprozess unterstützend, wenn nicht lediglich abschließende Urteile begründet werden, sondern ein mündliches oder schriftliches Gespräch zwischen dem Autorenkind und der Lehrkraft als Leser geführt wird. Leitfragen der Leserin oder des Lesers können dabei sein: Was hat mir beim Lesen gut gefallen? Wozu sind Fragen entstanden? Was kann geändert werden und welchen Vorschlag habe ich? Eine Lehrerin lässt die Entwürfe in ein besonderes Heft schreiben und notiert ihre Gedanken, Fragen und Vorschläge unter dem Text, das Autorenkind kann darauf ebenfalls schriftlich reagieren. Es ist ein „Hin-und-her-Heft" zwischen Kind und Lehrkraft. Möglicherweise ist dies auch in Einzelfällen eine für das Kind hilfreiche Einrichtung.

Foren, die Kinder als Berater einbeziehen, sind die Leseversammlung, das Schreibgespräch, die Arbeit mit der Textlupe, die Schreibkonferenz.

In der *Leseversammlung* liest das Kind seinen Text der Klasse oder der Lerngruppe vor, die Mitschülerinnen und Mitschüler äußern sich anschließend zum Text. Dabei müssen Regeln gelten, die das Autorenkind und seinen Text in den Mittelpunkt stellt:

- Der Autor oder die Autorin ruft auf.
- Autor oder Autorin wird direkt angesprochen.
- Zuerst wird gesagt, was einem gut gefallen hat.
- Dann ist möglich:
  Fragen stellen,
  Stellen nennen, die nicht so gut gefallen haben,
  Änderungen vorschlagen.
- Der Autor oder die Autorin kann immer sofort etwas dazu sagen.

Eine besonders spezifische und feinsinnige Gestaltung der Versammlung stellt Heide Bambach vor (1993).

Beim *Schreibgespräch* berät sich das Autorenkind mit einem Partner über den Text. Das Schreibgespräch kann in zwei Phasen verlaufen: Zuerst wird der gesamte Text gelesen, das Beraterkind sagt, was ihm gut gefallen hat, auch was es ändern würde. Dann wird Satz für Satz gelesen und besprochen. Das Autorenkind notiert sich Überarbeitungspunkte zu seinem Text. Diese Form der Schreibgespräche sind rasch und individuell zu organisieren. Sie enthalten zugleich die Grundstruktur, die auch für die aufwändiger zu organisierende Schreibkonferenz gilt.

Schreibgespräch

Bei der *Textlupe* beraten Kinder schriftlich das Autorenkind. Zum Text wird ein Lupenblatt gelegt, das drei Spalten für drei Stellungnahmen enthält:
- eine erste für positive Kritik (das hat mir besonders gut gefallen)
- eine zweite für Fragen zum Text
- eine dritte für konstruktive Kritik (Vorschläge, was du ändern kannst).

Das Autorenkind schreibt dazu, welche Kinder Stellung nehmen sollen. Diese Kinder reichen dann Text und Lupenblatt an das nächste weiter.

Text von _____ Überschrift: _____

Beraterkinder	Das hat mir an dem Text besonders gut gefallen.	Hier fällt mir etwas auf. Hier habe ich Fragen.	Hier meine Vorschläge, was du ändern kannst.

Zurück an: _____

Schreibkonferenz: Zur Schreibkonferenz lädt das Autorenkind zwei oder drei andere Kinder ein. Die eigentliche Konferenz verläuft in zwei Phasen: in der ersten wird der ganze Text gelesen und besprochen, in der zweiten wird Satz für Satz zum Gegenstand der Beratung. Die Kinder lernen vier Schritte der Schreibkonferenz; die Schreibgespräche mit einem Partner sind hierfür ein guter Ausgangspunkt.

	Autorenkind	Beraterkinder
1. Schritt	Ein Kind hat einen Text geschrieben und lädt zwei oder drei Kinder zur Schreibkonferenz ein.	Die Kinder setzen sich zusammen.
2. Schritt	Das Autorenkind liest den ganzen Text langsam und deutlich vor.	Die Kinder hören zu. Sie sagen, was sie gut fanden. Sie fragen, wenn sie etwas nicht verstanden haben. Sie machen vielleicht Vorschläge.
3. Schritt	Das Autorenkind liest Satz für Satz vor. Es schreibt Vorschläge und Änderungen in die freie Zeile über dem Text.	Die Kinder hören zu. Sie sagen nach jedem Satz, ob sie etwas ändern würden oder ob der Satz so gut ist.
4. Schritt	Das Autorenkind bedankt sich für die Beratung.	

Schreibkonferenz

Es gibt positive Erfahrungen mit Schreibkonferenzen schon ab Klasse 1. In der Regel werden sie in Klasse 3 und 4 durchgeführt. In das Verfahren einführen kann die Lehrkraft die Kinder in Konferenzgruppen, in denen sie das Autorenkind begleitet, das Verfahren erläutert und die Gespräche unterstützt. Zur gemeinsamen Klärung sind auch Schreibkonferenzen möglich, die vor der Klasse durchgeführt sind und bei der die meisten Kinder den Verlauf beobachten.

Am Ende der Beratung hat das Autorenkind Notizen in den freien Zeilen über seinem Text ergänzt. Hier ein Ausschnitt:

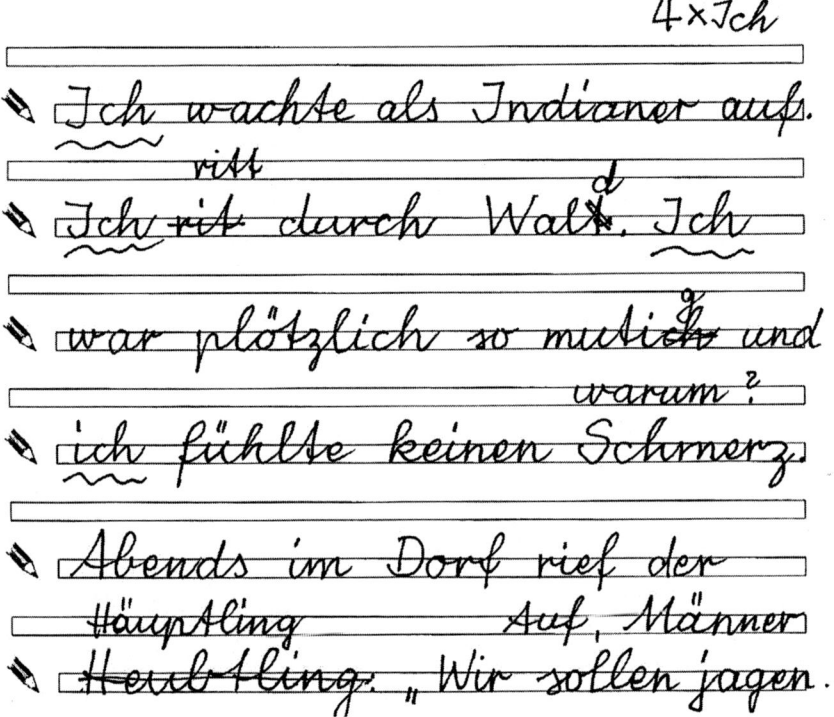

Grundsätzliches zur Schreibkonferenz und viele Beispiele zur Entwicklung von Versammlung und Konferenzen in Klassen finden sich bei Spitta (1992 und 1998).

Beratungsaspekte und Kriterien: Für die Qualität von Texten gelten allgemeine und aufgabenbezogene Kriterien. Allgemeine Kriterien sind

- inhaltsbezogen: Werden stimmige Einfälle für den Text entwickelt?
- sprachlich: Werden sie schriftsprachlich angemessen umgesetzt?
- strukturell: Ist der Text im Aufbau logisch, sinnvoll, stimmig?

Aufgabenbezogene Kriterien ergeben sich aus den konkreten Schreibaufgaben.

Alle diese Kriterien können auf die verschiedenen Textsorten und Schreibabsichten hin mit zahlreichen einzelne Kriterien konkretisiert werden, wie: Passt die Überschrift? Wurden die Satzanfänge variiert? Wurden die Zeitformen eingehalten? Ist die Reihenfolge richtig? Bei der Schreibaufgabe in den Vergleichsarbeiten VERA 2007 wurden zum Beispiel 24 einzelne Kriterien vorgegeben, mit denen die Kindertexte bewertet werden sollten.

In einem kompetenzorientierten Schreibunterricht werden die Kriterien nicht in dieser Fülle vorgegeben oder als Maßstab an die Texte angelegt. Vielmehr haben zunächst die Kinder das Wort: Was gefällt ihnen an Texten anderer Kinder? Was würden sie ändern? Was erfüllt die Schreibaufgabe gut? Was kann noch verbessert werden? Die Lehrkraft verfolgt die Vorschläge der Kinder und bringt sie mit wichtigen Gütekriterien für schriftliche Texte und für die Ansprüche der jeweiligen Textsorte zusammen. Über die Grundschulzeit entwickelt sich ein Repertoire an Beratungspunkten und Überarbeitungsmöglichkeiten. Bezogen auf die allgemeinen Kriterien wurden zum Beispiel in einer dritten Klasse die folgenden Aspekte erarbeitet, auf einer Plakatwand festgehalten und mit Beispielen von Kindertexten belegt:

Darüber kann man sich beraten.	So kann der Text überarbeitet werden.	Beispiele
Verständlichkeit Habe ich alles gut verstanden? Wozu habe ich Fragen?	Ergänzen, was fehlt Genauer schreiben	(Hier dokumentierten die Kinder mit eigenen Beispielen auch Überarbeitungen.)
Wortwiederholung Wiederholen sich Wörter zu oft?	Wörter zum Wortfeld suchen	
Wortwahl Welche Wörter gefallen mir gut? Welche Wörter sind ungenau?	Wörter austauschen	
Satzanfänge Sind die Anfänge immer gleich?	Anfangswörter „Dann" oder „Und dann" wegstreichen, Sätze umstellen	
Überschrift Macht sie neugierig? Ist sie treffend?	Überschrift ändern	
Rechtschreibfehler	Fehler berichtigen	

Die Aspekte können in der Klasse in didaktischen Schleifen an Texten der Kinder und an neutralen Texten bewusst gemacht, das Überarbeiten kann an verschiedenen Texten geübt werden.

Ein Beispiel: Die Kinder haben Tom-und-Jerry-Comics gelesen, eigene groteske Verfolgungsgeschichten zeichnerisch und sprachlich gestaltet. Sie haben das oben skizzierte Plakat erarbeitet. Nun üben sie mit einem Textanfang die Beratung, das heißt auch: das Aufspüren von Verbesserungsmöglichkeiten.

Die Maus
Eine Maus ging über einen Bürgersteig. Und dann kam die Katze. Die Katze wollte die Maus essen. Dann ging die Maus schnell weg. Die Katze lief schnell hinter ihr her. Dann ging die Maus schnell in ein Loch.

Der Anfangstext wird überarbeitet, die Kinder schreiben den Text weiter. Die Textentwürfe werden auf Folie kopiert und mit den Kindern unter Nutzung der Kriterien des Plakats beraten.

In didaktischen Schleifen kann mit vorgegebenen Texten gearbeitet werden, die nicht zum Thema gehören und keine möglichen Kindertexte sind. Der Vorteil hierbei ist, dass solche Texte ohne Rücksicht auf Personen kritisiert und überarbeitet werden können.

Neues vom Mäuschen
Der Elefant und das Mäuschen spielen Fußball und da rennt der Elefant das Mäuschen fast um und dann entschuldigt sich der Elefant und dann sagt das Mäuschen: „Macht doch nichts. Das wäre mir eben auch fast passiert."
Das Mäuschen und der Elefant gingen zum Fußballspiel. Weil das Stadion schon voll war, mussten Mäuschen und Elefant ganz hinten stehen. Da konnten Mäuschen und Elefant nicht gut sehen. Mäuschen stieg auf den Elefanten. Jetzt erzählte es, was es sehen konnte. Und dann wollte das Mäuschen in der Halbzeit mit dem Elefanten tauschen.

Soweit es für den jeweiligen Text ausgewiesene Schreibaufgaben gibt, sind sie immer Beratungsaspekte, siehe zum Beispiel die Schreibaufgaben beim Wiesentext im Kap. 5, Abschnitt Schreibberatung, S. 38 f.
Weitere Anregungen und Beispiele z. B. in Böttcher/Becker-Mrotzek (2006).
Überarbeitung: Das Autorenkind entscheidet nun selber, was es an seinem Text überarbeiten will. Die Motivation dazu hängt wesentlich davon ab, inwieweit das Kind die Berater akzeptiert, weshalb die persönliche Auswahl wichtig ist, und welche Bedeutung die Endfassung erhalten wird, also welche Art der Präsentation geplant ist. Neben diesen situativen Gründen liegt ein nachhaltig wirksamer Grund in der Schreibkultur der Klasse bzw. der Schule, die besonders geprägt wird von der Wertschätzung Kindertexten gegenüber, ihrer sorgsamen Präsentation bzw. Aufbewahrung, den Schreibzeiten und der Schreibkommunikation.
Präsentation/Veröffentlichung: Nicht alle Texte werden präsentiert oder veröffentlicht, nicht die Übungstexte und nicht Texte, die das Kind nicht freigegeben hat. Ansonsten aber gilt: Das Schreiben von Texten und der Prozess von Ideen-

gewinnung über Entwürfe, Beratung bis zu endgültigen Gestaltung erhält seinen Sinn dadurch, dass es Leser oder Hörer gibt, die sich für das Geschriebene interessieren.

Die *Leseversammlung* oder Autorenlesung, Dichterlesung ist ein solches Forum, auf dem Texte nicht nur beraten sondern auch fertige Texte vorgelesen werden. Die Dichterlesung, wenn man sich für sie entscheidet, sollte dann auch regelmäßiger Brauch sein. Eine besondere Atmosphäre wird hergestellt mit Blumenschmuck, mit Tee und einem besonderen Dichterstuhl. Zur Vorbereitung der Vorleser gehört allerdings immer auch, dass es zuvor gut geübt wird. Von einem besonderen Brauch, dem Jahresabschluss mit Autorenlesung im Literaturcafé, berichtet Heide Bambach (1993, S. 231).

Kinder lesen Aushang

Die Texte der Kinder können auf verschiedene andere Weisen veröffentlicht werden, abhängig auch von den Textsorten. Dies können sein:

– die Montage der Texte zu einer Zeitung, einer thematischen Broschüre
– das Zusammenheften zu einem Buch, einem Geschichtenbuch, einem Themenbuch, einem Gedichtbuch, einem Forscherbuch
– die Kombination der Texte mit einer Ausstellung
– die Herstellung eines Leporellos aus Folientaschen, die zusammengeklebt und durch Pappen verstärkt werden
– die Sammlung von Gebrauchstexten im Ordner oder auf Karten, z. B. Spielregeln, Rezepte, Tierkartei, Rätsel
– die Ausstellung von Texten in einem Plakatständer oder auf einer Litfasssäule
– der Eintrag von Texten in ein Klassentagebuch
– die Verwendung eines Wanderbuchs, das von Kind zu Kind wandert und in das jedes Kind einen Text schreiben kann.

Daneben haben manche Texte auch eine direkte Funktion wie Einladungen, Vereinbarungstexte, Notizen, Büchertipps für die Leserubrik, Witze für die Witzecke ...

Rechtschreiben

Wie Kinder am Anfang ihrer Schulzeit bei ihrem Weg in die Schrift angeregt und begleitet werden können, wie sie dabei Erfahrungen mit rechtschriftlich normierten Schreibweisen gewinnen und welche Unterstützung die Lehrkraft ihnen dabei geben sollte, das findet sich im Kapitel: Schreibanfang (S. 74 ff). Hier geht es jetzt um die Weiterführung, also vom Ende der Klasse 1 bis zum Ende der Grundschulzeit.

Strategielernen

Die Kinder sind auf dem Weg zur normorientierten Rechtschreibung. Bei ihren Texten nutzen sie verschiedene Strategien:

Strategien	*Erklärungen und Beispiele*
Alphabetische Strategie	Nach Entdeckung der Beziehung zwischen Laut und Buchstabe nutzen die Kinder diese Strategie, um eigene Texte zu erschreiben, z.B. auf einem Einkaufszettel für Obstsalat: SITONEN EFL BIANEN BANANEN. Dazu hören sie die Wörter ab, zerlegen sie in Laute, suchen geeignete Buchstabenzeichen; dabei erweitern und festigen sie ihr Wissen um die einfachen Laut-Buchstaben-Beziehungen. Für das normorientierte Schreiben gilt die Strategie aber nur für bestimmte Wörter, die eins zu eins Laut und Buchstaben einander zuordnen, zum Beispiel Banane, Lisa, Leo, Mama, Esel, Dino, malt, oft ... Die Kinder müssen deshalb für normgerechtes Schreiben weitere Strategien erwerben.
Orthografische Strategien	Die Kinder erkennen in Wörtern orthografische Muster, die bei Schreibweisen häufig vorkommen, z. B. – für das lang gesprochene /i/ die Schreibweise ie; – für /scht/ die Schreibweise st; – festgelegte Schreibweisen bei Wörtern wie bei den V-Wörtern, bei denen v statt f zu schreiben ist: Vater, Vogel oder wie für den /x/ Laut die Schreibweisen Hexe und Fuchs; – bei kurz gesprochenen Vokalen und nur einem Folgekonsonanten dessen Verdopplung wie bei Mutter, essen, nass; – bei Nomen immer den großen Anfangsbuchstaben ... Die Schreibweisen der meisten Wörter folgen darüber hinaus Regelungen, die mit der Zusammensetzung dieser Wörter zu tun haben, den Morphemen.

Morphematische Strategien	Die Kinder erkennen die morphematische Struktur von Wörtern und nutzen sie mit verschiedenen Strategien. Dabei erschließen sich unzählige Schreibweisen. – Die Gleichschreibung des Wortstammes: Beispiel fahren, er fährt, gefahren, Fahrrad, Klassenfahrt – die Wörter sind miteinander verwandt. Der Wortstamm ist bei all diesen Wörtern fahr, und er wird immer mit h geschrieben. Der Abgleich mit verwandten Wörtern ist eine zentrale Strategie. – Bei hart gesprochenen Konsonanten am Ende und im Wort hilft die Strategie Verlängern mit einem Vokal nach dem Konsonanten, um den Konsonanten dann abzuhören: weil Hände der Hörprobe nach mit d geschrieben wird, ist Hand auch mit d zu schreiben. Weil geben hörbar ein b hat, muss auch gibt mit b geschrieben werden. – Viele Morpheme kommen als Bausteine von Wörtern häufig vor und werden immer gleich geschrieben, z. B. bei Verben die Endung –en; bei vielen Nomen die Endungen -er, -heit, -ung; Vorsilben wie ver- und ent- … – Komplexe Wörter können zerlegt werden: Fahrrad ist mit zwei rr zu schreiben, weil das Wort aus zwei Wortteilen besteht: Fahr- und –rad und beim Zusammensetzen zwei r zusammenstoßen; bei Geburtstag muss zuerst Geburt geschrieben werden, dann hört man ein s und dann wird der zweite Wortteil –tag geschrieben …
Wortübergreifende Strategien	Schließlich gibt es Regelungen, die nicht die Schreibweise der Wörter sondern die von Sätzen und Texten betreffen: – zur Zeichensetzung und Großschreibung am Satzanfang; – zur Rechtschreibung auf Grund grammatischer Bezüge.

Mit dieser (unvollständigen) Auflistung der Beispiele können mehrere didaktische Überlegungen verbunden werden, die für den Weg zum kompetenten Rechtschreiber wichtig sind:
– Die Kinder müssen im Laufe der Zeit eine ganze Reihe solcher Strategien anwenden lernen. Das kostet Zeit und ist bei weitem nicht mit den Grundschuljahren abgeschlossen.
– Die Lernfähigkeiten der Kinder sind dabei sehr unterschiedlich in Bezug auf Lerngeschwindigkeit und Lernniveau. Deshalb ist das Ausmaß an orthografischer Richtigkeit bei den Schreibweisen der Kinder auch in ein und derselben Klasse naturgemäß unterschiedlich.
– Die Strategien erschließen sich für die meisten Kinder nicht von allein, die Kinder brauchen dazu Unterstützung und Übung - manche mehr, manche weniger.
– Strategielernen ist das Gegenmodell zum früher verbreiteten Wortbildlernen. Es geht nicht darum, dass die Kinder am Ende der Grundschulzeit tausend Wörter richtig zu schreiben gelernt haben, sondern dass sie mit Strategien die Geregeltheit der Rechtschreibung für das Erschreiben von Wörtern nutzen.

Die Wörter, deren Schreibweise Kinder für ihren Gebrauch lernen, können zugleich Modelle für das Strategielernen sein. Rechtschreibwörter können deshalb die Doppelfunktion haben: als *Gebrauchswörter* und als *Modellwörter*, so wie das Verb fahren in der Unterrichtseinheit Verkehr ein wichtiges Lernwort ist, so kann es zugleich Modell dafür sein, zu einem Wort verwandte Wörter zu finden, den Wortstamm zu markieren und die Gleichschreibung zu erkennen und zu nutzen.

– Das Strategielernen hat auch die Funktion, das Gehirn anzuregen, seine Fähigkeiten zu generalisieren und zu transferieren auch im Bereich der Orthografie zu nutzen. Generalisieren, also verallgemeinern, heißt: Regelungen erkennen (der Wortstamm wird gleich geschrieben), transferieren, also übertragen, heißt: Erkanntes auf weitere Schreibweisen anwenden (also: auch Fahrzeug mit ah; allgemeiner: also die Gleichschreibung des Stamms bei lieb, lieber, am liebsten). Das Nachdenken und die bewusste kognitive Arbeit an Strategien und Regelungen stoßen diese Gehirntätigkeiten an und unterstützen sie. Das Gehirn steuert dann das Rechtschreiben, zumeist ohne dass dies dem Schreiber bewusst ist.

– Es gibt Kinder, die haben günstige Dispositionen und lernen normgerechtes Schreiben aus sich heraus, weil intern im Gehirn längst auch beim Rechtschreiben das Generalisieren und Transferieren erfolgreich verläuft und das orthografische Schreiben steuert. Diese Kinder sind „rechtschreibliche Selbstläufer". Für viele Kinder ist dies aber Arbeit, zum Teil auch beschwerliche. Die Kinder brauchen dafür gute Gründe. Sie liegen in den Funktionen, die das richtige Schreiben hat: das richtige Schreiben bei Wörtern, die den Kindern wichtig sind, die Beachtung der Orthografie bei veröffentlichten Texten, auch die Forscherarbeit bei kniffligen Rechtschreibfällen. Rechtschreibunterricht ist deshalb zunächst und vor allem integriert in den Schreibunterricht. Zur Isolierung eines Phänomens, einer Strategie, zur systematischen Erforschung und Übung kann er in didaktischen Schleifen phasenweise ausgegliedert werden.

Zur orthografischen Entwicklung der Kinder

Angesichts der Komplexität der Strategien und Rechtschreibfälle und der Individualität der Entwicklungen kann für die Lehrkraft ein Instrument hilfreich sein, mit dem sie in Abständen den Entwicklungsstand der Kinder überprüfen kann. Entsprechend einfach zu handhabende Tests liegen vor, die nicht die Schreibweisen wie bei herkömmlichen Diktaten nach richtig und falsch sortieren, sondern die aufzeigen helfen, welche Strategien das Kind bereits beherrscht. Im Vergleich über die Grundschuljahre hinweg sind dadurch Entwicklungen feststellbar. Siehe hierzu die Hamburger Schreibprobe HSP (www.peter-may.de) oder das Wörterrätsel für Fortgeschrittene (im Heft Deutsch in Bartnitzky/Brügelmann u. a. 2006, S. 28f.)

Themenbezogene Rechtschreibarbeit

Was bedeutet das alles nun konkret für den Rechtschreibteil einer Unterrichtseinheit? Gewählt sei für die weiteren Überlegungen das Thema Fernsehen, wie es in den Klassen 2 bis 4 bearbeitet werden kann.

Gebrauchs- und Modellwörter: Das Thema ermöglicht vielfältige Schreibgelegenheiten. Die Kinder tauschen ihre Fernseherfahrungen miteinander aus, sie erstellen Plakate zu ihren Lieblingssendungen, schreiben Steckbriefe zu Fernsehsendungen, auch mit Hilfe von Fernsehzeitschriften und dem Internet, formulieren ihre Meinungen, schreiben Briefe an Fernsehsender; sie fantasieren sich in eine Fernsehserie hinein oder einen Fernsehstar in ihr Leben und schreiben dazu Geschichten; sie gestalten eine Magazinsendung: „Unser Klassenmagazin" mit Nachrichten aus der Klasse und Schule, mit Lesetipps, Interviews, Sachthemen, Musik, sie schreiben die Texte für die Beiträge und für die Moderation, sie filmen das Klassenmagazin und laden zum Fernsehnachmittag ein ...

In einem solchen Unterricht gibt es Wörter, die für alle Kinder für ihre Texte wichtige *Gebrauchswörter* sind, z. B. fernsehen, der Fernseher, die Sendung, am liebsten, spannend, lustig, ein-, aus- und umschalten, Star, Fan, Studio, Moderation, moderieren ... Dazu gibt es Wörter, die für Gruppen oder für einzelne Kinder wichtige Gebrauchswörter sind, z. B. Superstar, Moderatorin, schwärmen, Sport, Fußball, Zeichentrickfilm, zappen, krass ...

Die Gebrauchswörter taugen auch als *Modellwörter* für Schreibweisen, Regelungen oder Strategien.

Sie enthalten *Rechtschreibmuster*, Stellen in den Wörtern, die für die Kinder fehleranfällig sind. Einige Beispiele: Das nicht hörbare eingeschobene silbentrennende h bei dem Grundwort sehen, analog dazu gehen, stehen, wehen; das ie bei am liebsten als Modell für Wörter mit ie; Star und Fan müssen als einzelne Wörter eingeprägt werden.

Morphematische Strategien können verwendet werden bei den zusammengesetzten Wörtern wie fern-sehen, Zeichen-trick-film, die auseinandergenommen und wieder zum Wort gefügt werden können; die Wörter Sendung und Werbung können als Modell für Nomen mit der Endung –ung dienen, Information und Moderation für Nomen mit –tion, die zugehörigen Verben für die Endung –ieren; die Präfixe vor dem Verb schalten an-, um-, ab-, aus- können probeweise auch vor andere Verben gesetzt werden. Was geht, was geht nicht? Was ändert der Wortbaustein am Sinn? Die Vergleichsform am liebsten kann anregen, bei anderen Adjektiven zu prüfen, ob sie genau so gebildet werden mit dem Wortbaustein –sten, Fernseh-Adjektive könnten sein am lustigsten, am spannendsten, auch am krassesten ...

Für die eigene Planungsarbeit kann das folgende Raster hilfreich sein:

Thema:	
Mögliche Schreibanlässe:	
	Vermutliche Gebrauchswörter
Klassenwörter:	Eigene Wörter der Kinder:
	Mögliche Modellwörter
Rechtschreibmuster	Rechtschreibregelungen

Die Texte der Kinder bieten in der Regel mehr an möglichen fehleranfälligen Gebrauchswörtern an, als sinnvollerweise geübt werden können. Die Gebrauchswörter wiederum halten mehr an Modellen bereit, als in der zur Verfügung stehenden Zeit überhaupt von den Kindern zu bearbeiten sind. Rechtschreibarbeit ist deshalb immer exemplarische Arbeit. Auswahlkriterien sind Fehlerträchtigkeit, subjektive und sachbezogene Bedeutsamkeit:

– Fehlerträchtigkeit: Welche Wörter, Schreibweisen mit welchen Mustern oder Regelungen sind für die Kinder besonders fehleranfällig?
– Subjektive Bedeutsamkeit: Welche Wörter sind für die Kinder bei ihren Texten besonders wichtig?
– Sachbezogene Bedeutsamkeit: Welche Strategien, Muster, Regelungen haben eine große Reichweite, lassen sich also auf die Schreibweisen möglichst vieler für die Kinder wichtige Wörter anwenden?

Die Wörter werden während der Unterrichtseinheit gesammelt, auf eine Kopiervorlage geschrieben und den Kindern auf DIN-A-5-Arbeitsblättern zur selbstständigen Übung gegeben; die Lehrkraft ergänzt individuelle Lernwörter für einzelne Kinder. Organisatorisch kann die Arbeit während der Wochenplanarbeit oder in Übungsstunden realisiert werden.

Übungsmethoden und Übungsrunden

Zum Rechtschreibüben der Lernwörter brauchen die Kinder Methoden, mit denen sie selbstständig ihre Arbeit durchführen können. Es müssen zudem Methoden sein, mit denen beliebige Wörter, Klassenwörter wie auch eigene Wörter, wirksam geübt werden. Die folgenden Methoden wurden im Rahmen des Kunterbunt-Projekts erprobt (Bartnitzky/Bunk o.J.).

In vier Schritten abschreiben: Diese Methode realisiert, was in den Bildungsstandards mit „methodisch sinnvoll abschreiben" gemeint ist. Die vier Schritte sind: das Wort lesen – es sich merken – es aufschreiben – die Schreibweise kontrollieren und gegebenenfalls korrigieren, in Kurzform: lesen – sich merken – schreiben – kontrollieren.

Mehrere Merkmethoden können Kinder eigenständig verwenden: Sie lesen das Wort langsam, jeden Buchstaben mitlesend und flüsternd: f e r n s e h e n. Diese Leseweise unterscheidet sich von der sonst gebräuchlichen; hier ist es die Rechtschreibsprache, die im nächsten Schritt die schreibende Hand steuern soll. Eine Variante ist das silbische Lesen: fern – se – hen. Das Wort wird mit einem Finger auf den Tisch geschrieben, in der Rechtschreibsprache oder silbisch wird dabei das Wort geflüstert. Schafft man das, ohne dabei zu stocken, kommt der nächste Schritt.

Im Laufe der Zeit lernen die Kinder, schwierige Stellen in Wörtern zu erkennen. Das sind fehleranfällige Stellen, die man sich besonders merken muss. Solche Stellen fallen am schnellsten auf, wenn man beim Schreiben einen Fehler gemacht hat: Just an der Fehlerstelle ist eine für das jeweilige Kind schwierige Stelle im Wort. Andere Möglichkeiten, für schwierige Stellen ein Gespür zu bekommen, werden später noch genannt. Als Merkmethode werden die schwierigen Stellen im Wort farbig markiert, also mit einem Buntstift überschrieben, unterstrichen oder mit dem Marker deutlich gemacht. Erfahrungsgemäß ist das blinde Schreiben mit dem Finger auf dem Tisch für Kinder der Klasse 2 angemessen, etwa in Klasse 3 wird es mehr und mehr vom Markieren der schwierigen Stelle abgelöst. Dann wird das Wort aufgeschrieben. Dabei sollte zunächst wiederum jedes Wort in der Rechtschreibsprache oder silbisch synchron zum Schreiben geflüstert werden; damit diktiert sich das Kind das Wort selber.

Ist das Wort geschrieben, wird es Buchstabe für Buchstabe mit der Vorlage verglichen. Findet sich ein Fehler, dann ist hier eine schwierige Stelle. Sie wird in der Vorlage markiert, das Wort wird erneut geschrieben. Ist das Wort richtig geschrieben, dann wird das nächste Wort ebenso geübt.

Dieses Verfahren, in vier Schritten abschreiben, muss mit den Kindern eingeübt und gegebenenfalls auch wiederholt geübt werden. Es ist die Grundmethode des Übens mit Lernwörtern während der ganzen Grundschulzeit.

Als Wörtertreppe schreiben: Die Lernwörter werden der Länge nach aufgeschrieben, zuerst das Wort mit den wenigsten Buchstaben, zuletzt das mit den meisten. Es ist eine Methode, um die Wörter noch einmal in anderer Reihenfolge zu schreiben und dabei auf die Buchstabenfolge besonders zu achten. Angesichts anderer anspruchsvollerer Methoden, die in Klasse 3 und 4 verwendet werden können, entfällt die Wörtertreppe im Laufe der Grundschulzeit.

In Silben schreiben: Jedes Lernwort wird, in Silben getrennt, aufgeschrieben. Die silbische Arbeit ist bei Rechtschreibübungen weit verbreitet. Es gibt allerdings auch Einwände: Schreibsilben sind nicht identisch mit Morphemen. Die

Unterschiedlichkeit kann für Kinder irritierend sein: fern – seh – en sind die Morpheme, fern – se – hen die Silben. Silbische Arbeit ist sinnlicher, morphematische Arbeit ist abstrakter. Allerdings wird die morphematische Arbeit durch die Arbeit mit verwandten Wörtern, das Einkreisen des Wortstammes inhaltlich und konkret. Für den Lerngewinn beim Rechtschreiben ist sie bedeutungsvoller als die silbische Arbeit.

Alphabetisch ordnen: Die Lernwörter werden in der Reihenfolge des Alphabets aufgeschrieben. Diese Methode dient in Klasse 2 vor allem dazu, dass die Kinder lernen, sich in der alphabetischen Ordnung zurecht zu finden, insbesondere auch gegebenenfalls auf den zweiten und dritten Buchstaben zu achten. Sie kann durch die nächste Methode abgelöst werden.

Nachschlagen: Das Lernwort wird in einer Wörterliste oder im Wörterbuch nachgeschlagen. Notiert wird die Fundseite und das nächste Wort, zunächst um das richtige Nachschlagen zu dokumentieren. Zudem ist das nächste Wort im Wörterbuch bei allen Inhaltswörtern ein verwandtes Wort oder eine flektierte Form, so dass sich ein zusätzlicher Übungseffekt ergibt.

Verwandte Wörter finden: Zum jeweiligen Lernwort werden verwandte Wörter gesucht und dazu geschrieben, der Wortstamm wird eingekreist. In Klasse 2 und 3 können die Kinder sich Wörter aussuchen, zu denen sie verwandte Wörter finden, außerdem kann man die Zahl begrenzen. In Klasse 4 können die Kinder zu allen Lernwörtern verwandte Wörter suchen und zwei dazu schreiben; finden sie kein verwandtes Wort, dann wird ein Strich gemacht.

Sätze bilden: Die Kinder bilden Sätze so, dass in jedem Satz zwei oder drei der Lernwörter vorkommen. Die Lernwörter werden farbig unterstrichen.

Schreibweisen begründen: Die Kinder begründen die Schreibweise von Wörtern, die man nicht so schreibt, wie man sie spricht (*am liebsten* mit b, weil ein verwandtes Wort lieber ist und man dabei das b hört: *sehen* mit h, weil zwischen die beiden e ein h geschoben ist, genauso wie bei gehen und stehen). Die entsprechenden Strategien und Beispiele erarbeiten die Kinder bei der Arbeit an Modellwörtern, siehe den folgenden Absatz: Arbeit an Modellwörtern.

Wortart bestimmen: Wenn die Kinder Sicherheit gewinnen, die Wortarten zu unterscheiden, dann machen sie die Proben (siehe dazu das Kapitel: Sprache reflektieren). Sie finden bei Nomen, Verben und Adjektiven die entsprechende Wortart und schreiben als Beweis eine Flexionsreihe dazu:

Nomen-Probe: Einzahl und Mehrzahl bilden (ein Star, viele Stars, also Nomen) oder Adjektiv einschieben (ein Star, ein krasser Star, also Nomen)

Verb-Probe: zwei Verbformen bilden (fernsehen, ich sehe fern, du siehst fern, also Verb).

Adjektiv-Probe: Vergleichsstufen bilden (spannend, spannender, am spannendsten, also Adjektiv).

Wenn bei einem Lernwort keine dieser Proben möglich ist, dann wird das mit einem Strich markiert.

Partnerdiktat: Das Partnerdiktat der Wörter fungiert als Lernkontrolle. Wörter, die richtig geschrieben werden, hakt der Partner auf der Lernwörter-Vorlage ab, falsch geschriebene bleiben auf der Liste der Lernwörter.

Die Kinder üben ihre Lernwörter in Übungsrunden selbstständig, z. B. als Hausaufgaben oder in der Wochenplanarbeit. Dabei wählen sie aus dem eingeführten Repertoire an Methoden aus und stellen damit ihre Übungen selbst zusammen. Hier folgt ein Vorschlag für die Entwicklung von Klasse 2 bis 4:

Klasse 2	*Klasse 3*	*Klasse 4*
3 aus 5: in vier Schritten abschreiben als Wörtertreppe schreiben in Silben schreiben alphabetisch schreiben nachschlagen	*3 aus 5:* in vier Schritten abschreiben in Silben schreiben 3x verwandte Wörter finden nachschlagen Sätze bilden	*4 aus 6:* in vier Schritten abschreiben verwandte Wörter finden nachschlagen 3x Schreibweise begründen Wortart bestimmen Sätze bilden
Kontrolle durch Partnerdiktat		

Arbeit an Modellwörtern

Bei den Übungsmethoden treten die Lernwörter bereits auch als Modelle in Funktion: wenn die Kinder verwandte Wörter finden und den Stamm einkreisen, wenn sie die Wortart bestimmen und flektierte Formen ergänzen, wenn sie Schreibweisen begründen. Bei Rechtschreibgesprächen und mit gesonderten Übungen werden Lernwörter zu Modellen: Den Kindern können dabei Muster und Regelungen sowie Strategien zum Erkennen und Transferieren der Schreibweisen bewusst werden und sie üben sich in ihrem Gebrauch. Dabei wird das Gehirn angeregt zu verallgemeinern und zu übertragen und ein Gespür für normgerechtes Schreiben zu entwickeln.

Kürze und Länge des Vokals: Genauer muss es heißen: kurz gesprochener und lang gesprochener Vokal. Dies zu unterscheiden, fällt vielen Kindern schwer, weil ihre auditive Unterscheidungsfähigkeit schwach entwickelt ist oder weil ihre gesprochene Sprache und die ihrer Umwelt nicht deutlich zwischen kurz und lang gesprochen unterscheidet. Diese Unterscheidung ist aber für die Rechtschreibung eine wichtige Strategie, z. B. weil das lang gesprochene /i/ in knapp 80 % aller Fälle mit ie geschrieben wird, hier also die Mehrheitsregel gilt. Einem kurz gesprochenem Vokal folgen in der Regel zwei Konsonanten (Muster). Folgt hörbar nur einer, dann wird er verdoppelt (Mutter). Die Wahrnehmungsfähigkeit schulen kann man, indem bei bekannten Wörtern der Vokal im Stamm probeweise mal lang, mal kurz gesprochen wird: lang gesprochen: Mu:ter kontra kurz gesprochen: Mutter, za:pen kontra zappen. Die Strategie heißt hier also: ausprobieren – mal lang gesprochener Selbstlaut, mal kurz gesprochener, was klingt richtig?

In didaktischen Schleifen können die Kinder am Wortmaterial die Strategie ausprobieren, indem sie unter kurz gesprochenem Selbstlaut einen Punkt und unter lang gesprochenem einen Strich machen. Bei der Einheit Tiere mögen Lernwörter sein: Tiere, Ziegen, fliegen, aber auch Igel, Tiger. Kurz gesprochen müsste man sie schreiben: Tirre, Ziggen, fliggen, Iggel, Tigger. Nein, das geht nicht. Das /i/ wird immer lang gesprochen. Welche Schreibweise kommt häufiger vor: ie wie bei Tiere oder i wie bei Igel? Das kann die Forscherfrage sein. Die Kinder suchen aus den bisherigen Lernwörtern, aus Schul- und Kinderbüchern, aus dem Wörterbuch Wörter heraus, in denen /i/ lang gesprochen wird und tragen sie in zwei Spalten ein:

Wörter mit ie	Wörter mit i
Tiere	Tiger
Ziege	Igel

Zur Bestätigung, dass es sich immer um lang gesprochene /i/ handelt, zeichnen sie unter ie und i einen Strich. Das Ergebnis wird am Ende überdeutlich ausfallen: Fast alle Wörter werden mit ie geschrieben. Die wenigen mit i muss man sich besonders merken.

Die Kinder lernen, Schreibweisen zu begründen: Liebe wird mit ie geschrieben, weil lang gesprochen. Tipp wird nur mit i geschrieben, weil kurz gesprochen. Tiger wird nur mit i geschrieben, das muss man sich merken.

Bei der Einheit Vom Wetter mögen Lernwörter sein: Sturm, Regen, Hagel, Donner, Blitz. Die Kinder unterscheiden kurz und lang gesprochene Selbstlaute und sehen auf die folgenden Mitlaute: kurz dann folgen zwei Mitlaute, lang, dann folgt nur einer. Ist das immer so? ist die Forscherfrage. Die Kinder suchen wie im Fall des lang gesprochenen /i/ Nomen mit kurz und mit lang gesprochenem Selbstlaut, dann Verben und Adjektive.

Wörter mit kurzem Selbstlaut	Wörter mit langem Selbstlaut
Wetter	Regen
Sturm	Hagel
Donner	nieseln
Blitz	heiß
kalt	

Das Ergebnis ist immer gleich. Eine Erkenntnis aus dieser Untersuchung ist, dass wegen des kurz gesprochenen Selbstlauts der eine Mitlaut verdoppelt werden muss. Denn stünde er allein, müsste der Selbstlaut davor lang gesprochen werden. Die Kinder beweisen das auch lautlich: Donner kontra Do:ner, We:ter kontra Wetter.

Begründung kann sein: Wetter mit zwei t, der eine Mitlaut wird verdoppelt, weil der Selbstlaut davor kurz ist.

Wörter verlängern: Genauer muss es heißen: bei hart gesprochenem /p/, /t/ oder /k/ am Ende oder im Wort das Wort so verlängern, dass nach dem Mitlaut wieder ein Vokal zu hören ist (Hund – Hunde, gibt – geben).

Der leichtere Fall zum Erkennen des Rechtschreibfalls ist die Auslautverhärtung, d.h. Wörter mit dem harten Laut am Ende von Nomen (Tag, Mond, Abend), Verb oder Adjektiv (gab, lieb, geduldig). Bei vielen Unterrichtseinheiten gibt es Lernwörter, die für diese Strategie als Modelle dienen können, z. B. Wetter: Wind, Blatt, kalt; Verkehr: Rad, stoppt, gab. Bei Nomen hilft zum Verlängern die Pluralbildung mit dem unbestimmten Zahlwort *viele*: viele Winde, viele Blätter, viele Hunde; bei Verben das Davorsetzen des Pronomens wir und die entsprechende Personalform: wir gaben, wir stoppen; bei Adjektiven die 1. Vergleichsstufe: lieb – lieber, geduldig – geduldiger.

Schwieriger sind die Fälle zu erkennen, in denen im Inlaut der verhärtete Laut zu hören ist (er gibt, sie liebt, sie jagt). Die Strategie ist die gleiche wie oben: Personalform mit wir bilden, also wir geben, wir lieben, wir mögen, wir jagen.

Begründungen können sein: Wald hinten mit d, weil ich bei *viele Wälder* d höre; stoppt mit p, weil ich bei *stoppen* p höre.

Verwandte Wörter finden: Schon die Strategie Wörter verlängern arbeitet mit verwandten Wörtern. Der Begriff verwandte Wörter ist praktikabler als der Wortfamilienbegriff. Mit Wortfamilie sind immer nur die Grundformen der Wörter erfasst, die flektierten Formen sind dabei mitgedacht. Didaktisch ergiebiger ist aber, die flektierten Formen ausdrücklich hinzuzunehmen. Der Begriff verwandte Wörter umfasst sie mit.

Die Strategie heißt: Bei Unsicherheit in der Schreibweise eines Wortes kann zunächst nach verwandten Wörtern gesucht werden, deren Schreibweise man kennt, möglicherweise auch schreibend ausprobieren kann. Regnerisch ist verwandt mit Regen, also muss vorne reg- geschrieben werden; Fahrrad ist verwandt mit fahren, also hat Fahr- ein ah.

Ableitungen von Umlauten sind mit derselben Strategie zu erkennen: Er fährt oder auch Fähre ist verwandt mit fahren, muss also mit ä geschrieben werden; Häuser ist verwandt mit Haus, also mit äu zu schreiben; Leute ist nicht verwandt mit einem au-Wort, also wird es mit eu geschrieben.

Morphematische Bausteine erkennen: Mit den verwandten Wörtern ist der Grundbaustein aller flektierten Wörter, der Wortstamm, bereits mit im Spiel. Er sollte bei diesen Übungen immer eingekreist werden, um die eigene Erkenntnis des Stamms anzuzeigen und um die besondere Sachbedeutung zu unterstreichen.

Bei allen Unterrichtsthemen gibt es Modellwörter für bestimmte, häufig vorkommende Bausteine. Beim Fernsehthema ist es die Endung –ung bei den Nomen Sendung oder Werbung, die Vorsilbe ver- bei Verben wie verstehen, verrückt. Beim Thema wie Gesundheit ist es die Endung –heit bei Nomen wie Krankheit, Gesundheit und die Endung –lich bei Adjektiven wie schmerzlich, fröhlich. Diese Wörter können als Modelle für viele weitere Wörter mit gleichem Baustein dienen. Die Wörter mit demselben Baustein werden während der nächsten Tage auf einem Plakat gesammelt werden, der Baustein wird markiert.

Ein nützliches Arbeitsmittel ist die „Wörtermaschine": In einem breiten Pappstreifen werden mit dem Cuttermesser Einschnitte so vorgenommen, dass drei Papierstreifen von unten nach oben durchgezogen werden können. Auf den Papierstreifen sind untereinander Wortbausteine geschrieben; beim Durchziehen der Streifen wird immer eine Zeile sichtbar. Dabei können hergestellt werden Verben mit Vorsilben (ver – gess – en), Personalformen mit Wortstamm und Flexionsmorphem (ich – schreib – e, du – schreib – st uw.), Nomen mit verschiedenen Endungen (die – Send – ung, die - Krank – heit usw.), Adjektive mit Flexionsmorphemen (lieb, lie – ber, am lieb – sten). Die Kinder probieren aus, was geht, und schreiben es auf. Dieses Arbeitsmittel macht die Morphemstruktur augenfällig und durch das Handeln mit den Bausteinen wird die Wortbildung grammatikalisch und rechtschriftlich geübt.

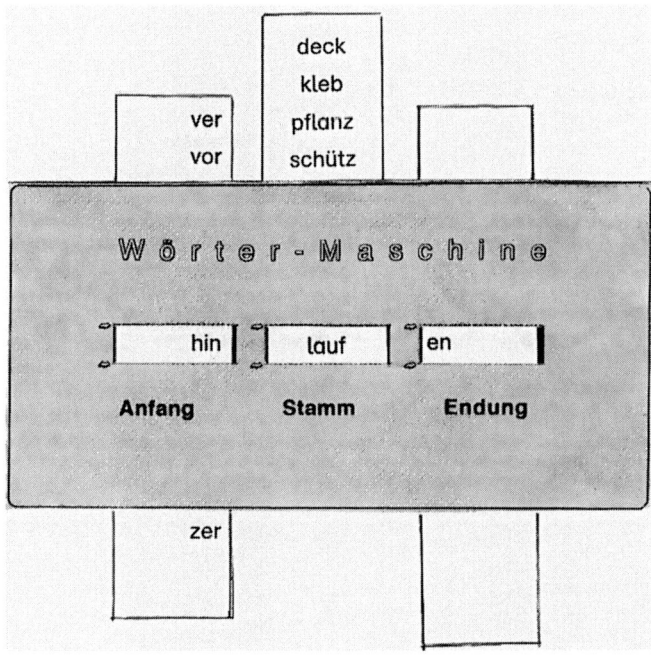

Beispiele dazu finden sich zu allen drei Wortarten in: Bartnitzky 2007 b.

Zusammengesetzte Wörter zerlegen: Bei zusammengesetzten Wörtern ist das Zerlegen eine wichtige Strategie, weil es beim Rechtschreiben hilft, wenn man das Fernsehstudio in Fern – seh – studio zerlegen kann, aber auch weil es beim Nachschlagen hilft, wenn man Fernsehstudio im Wörterbuch nicht findet, aber Fernsehen und Studio. Knifflige Sachen der Konsonantendopplung wie bei Fahrrad, verrechnen oder gar der Verdreifachung wie bei Pappplakat, Schifffahrt sind nur durch Zerlegen lösbar. Begründungen lauten: Fahrrad mit zwei r, weil Fahr hinten ein r hat und Rad vorne eins; Schifffahrt mit drei f, weil Schiff hinten 2 ff hat und Fahrt vorne 1 f.

Nomen erkennen und groß schreiben: Genauer ist: Nomen mit großem Anfangsbuchstaben schreiben. Die Grundregel lautet: Nur Nomen werden immer mit großem Anfangsbuchstaben geschrieben, alle anderen Wörter werden klein geschrieben. Die viel gebrauchten Regeln: Verben werden klein geschrieben, Adjektive werden klein geschrieben, sind mithin überflüssig; sie sind auch hinderlich, weil sie suggerieren, als müsse man immer erst die Wortart bestimmen, bevor man die Schreibweise des Anfangsbuchstabens weiß. Einfacher ist: Ein Wissen um Nomen, im Laufe der Zeit ein Gespür für die Wortart gewinnen und zu wissen, dass dies die einzigen Wörter sind, die vorne immer groß geschrieben werden.

Für die Entwicklung eines Gespürs für Nomen ist die einfachste Arbeitsweise, den Reiheneffekt zu nutzen, indem beim Wörtersammeln die Nomen gesondert und nah beieinander geschrieben werden. Zum anderen sind Proben nützlich (siehe dazu S. 100, S. 130 ff). Die Begründungen können sein: Studio vorne groß schreiben, weil man sagen kann: ein Studio, viele Studios. Oder: Studio vorne groß schreiben, weil man sagen kann: das tolle Studio oder das krasse Studio.

Nachschlagen: Dies ist eine Strategie, die ein Leben lang gilt, wobei zum Wörterbuch inzwischen das Rechtschreibkorrekturprogramm getreten ist. Es korrigiert automatisch Fehler, allerdings nur bei Wörtern, die in seinem Wörterbuch eingetragen sind, manchmal gibt es auch unsinnige Rechtschreibvorschläge. Das handliche Printmedium Wörterbuch ist deshalb derzeit wohl unverzichtbar, ebenso ein sprachbezogenes Grundwissen, um die Korrekturen des Rechnerprogramms zu kontrollieren. Der Gebrauch der Nachschlage-Strategie erfordert, dass man nur hin und wieder nachschlagen muss, weil man sonst vor der Mühsal resigniert, wie dies bei rechtschreibschwachen Kindern vielfach geschieht. Deshalb sind die anderen Strategien auch mit dem Ziel der Automatisierung und des gezielten Nachdenkens und Begründens unverzichtbar.

Das Nachschlagen selbst wurde mehrfach in die Übungen bereits integriert. Es ging dort um alphabetische Sortierung, um das rasche Auffinden nach dem 1., 2. oder nachfolgenden Buchstaben, um das Zerlegen von Wörtern. Hinzu muss die Rückführung flektierter Formen auf die Grundform kommen sowie die Suche bei Schreibalternativen, also z. B. suche bei V oder Pf, wenn das Wort Pferd bei F nicht zu finden ist.

Unterrichtsformen: Was beschrieben wurde, realisiert sich zunächst in Rechtschreibgesprächen mit den Kindern, mit einzelnen, mit einer Gruppe, mit der Klasse. Das Modellwort ist der Ausgangspunkt. Begründungen werden für die Schreibweise gefunden. Dann werden Wörter mit gleicher Schreibung an den kritischen Stellen in Gleichschreibungslisten gesammelt, über die Häufigkeit einer Schreibweise, über die Gültigkeit einer Regel wird geforscht, wie es oben bei den Beispielen skizziert wurde.

Ein Anlass für Rechtschreibgespräche können auch knifflige Wörter sein: Die Kinder schreiben ein solches Wort ohne Vorbereitung nach Diktat auf. Das sind Wörter wie Rücklicht, Geburtstagskind, Meerschweinchen, Schiedsrichter. Die Schreibweisen der Kinder werden mit der orthografisch richtigen verglichen. Wo sind die schwierigen Stellen in dem Wort für viele Kinder? Warum wird das Wort an diesen Stelle nach Wörterbuch so geschrieben? Manchmal gilt nur die Antwort: Das ist eben so geregelt: Vater vorne mit V, wachsen mit chs – das muss man sich merken. Oft aber gibt es Begründungen. Es sind Begründungen, wie sie eben an mehreren Stellen beispielhaft gegeben wurden. Im Laufe der Zeit können die Kinder Begründungen zu Schreibweisen auch selber geben. Deshalb ist dies spätestens in Klasse 4 eine der Methoden bei den festliegenden Übungsformaten, siehe oben.

Nach und neben den Rechtschreibgesprächen können die Rechtschreibfälle auch gesondert weiter geübt werden. Die Wörtermaschine wurde oben als ein mögliches Arbeitsmittel dazu genannt. Ein weiteres Arbeitsmittel sind Plakate, auf denen zu einem Rechtschreibfall Wörter gesammelt und strukturiert werden. Wenn eine Regel, eine Begründung für die Schreibweise gefunden ist, dann wird sie dazugeschrieben.

Aber nicht die Regel auf einem Plakat stehen zu haben, ist das Wichtige, sondern beim Sammeln, Strukturieren, Forschen und Nachdenken eine Regelung und dabei eine Strategie gefunden und genutzt zu haben.

Die Phasen des Rechtschreibunterrichts, in denen die Kinder ausgehend von einem Modellwort über einen Rechtschreibfall arbeiten, können sich teilweise von der thematischen Arbeit lösen und zu didaktischen Schleifen führen. Notwendig ist dann aber wieder die Rückführung. Denn Rechtschreibung ist, dies sei wiederholt, funktionaler Teil des Aufgabenbereichs Schreiben.

Weitere Anregungen und Beispiele z. B. in Leßmann: Schreiben und Rechtschreiben (1998), Valtin (2000).

7.3 Umgang mit Texten und Medien

Lesen ist eine Schlüsselkompetenz für die Bildungsprozesse auf allen Schulstufen, für das private sowie öffentliche Alltagsleben und für die Teilhabe an Kultur, auch für die kluge Nutzung der neueren und neusten Medien. Seit PISA und IGLU und nunmehr auch mit den VERA-Tests stehen Lesefähigkeiten im besonderen Blickpunkt. Dabei wird wegen der Orientierung am „Literacy-Konzept" (sachbezogene Texte, authentische Texte der Lebenswelt) Lesen auf bestimmte Textsorten und Textqualitäten und aus testmethodischen Gründen auf die kognitive Dimension des Lesens begrenzt (siehe hierzu Kap. 1, S. 2ff).

Nachhaltig wirksame Leseförderung, die auch Kinder erreicht ohne häusliche Leseerfahrung, die Lesen als kulturelle Praxis begreift und als Bildungsanspruch aller Kinder fordert, darf dieser Reduktion nicht folgen. Sie muss auch die motivationale, emotionale, kreative und interaktive Dimension des Lesens berücksichtigen und die kognitive Dimension weiter fassen, als dies durch die üblichen Tests geschieht. Die Dimensionen der Lesekompetenz sind, angeregt durch die Arbeiten von Bettina Hurrelmann und Kaspar H. Spinner, in folgender Übersicht zusammengestellt (Bartnitzky, 2006, S. 19):

Dimensionen der Lesekompetenz			
Motivation	*Kognition*	*Emotion*	*Kreativität*
Lesen als etwas Bedeutsames wahrnehmen (unterhaltsam, genussvoll, informativ, bereichernd); Ausdauer und Bedürfnis nach Verstehen entwickeln	explizite Informationen erkennen, einfache Schlussfolgerungen ziehen; komplexe Zusammenhänge herstellen und interpretieren; Inhalte, Sprache, Textstruktur reflektieren und bewerten; Lesestrategien kennen und verwenden, sein Lesen damit kontrollieren und es steuern; Eigenheiten wichtiger Textsorten kennen und sie zum Verstehen nutzen	Texte bedürfnisbezogen auswählen; eigene Leseinteressen entwickeln und ihnen folgen; eigene Erfahrungen und Gefühlserlebnisse mit dem Lesen verbinden; ästhetisch wahrnehmen und genießen	innere Vorstellungsbilder entwickeln (sich eine Person, eine Situation, eine Szene, eine andere Welt vorstellen, Lücken im Text gedanklich ergänzen); literarisches Lesen als gedankliches Spiel nutzen (Situationen, Personen, Handlungen verändern, die Perspektive wechseln); das Gelesene kreativ verarbeiten
Lese-Kommunikationen sich über Lesemotive und über Gelesenes miteinander austauschen; unterschiedliche Sichtweisen miteinander abgleichen; Neugier auf und Toleranz über unterschiedliche Interpretationen entwickeln; mit Texten miteinander handelnd umgehen und darüber kommunizieren			

Damit folgt der Unterricht nicht dem Verständnis, Lesefähigkeit sei lediglich eine Technik, die lehrgangsmäßig Schritt für Schritt angeleitet eingeübt werden müsse. Lesen hat vielmehr eine Funktion in einer Lese-Kultur, die in der Klasse, besser: an der Schule mit den Kindern praktiziert wird: Lesen und der Diskurs über das Lesen sind von Anfang an bereichernde, wertgeschätzte Tätigkeiten, für die Kinder reichlich Gelegenheit haben – mit Texten, die das individuelle Interesse betreffen, und mit Texten, die gemeinsam gelesen werden, mit handlungsbezogenen Umgangsweisen mit den Texten und mit individuellem Nachdenken sowie mit Kommunikation über Lesen, Textverständnis und Lesegewinn.

Dabei ist von Beginn an das Lesen immer mit dem Schreiben im Zusammenhang zu bedenken und unterrichtspraktisch zu fördern: Geschriebenes wird gelesen und Gelesenes regt zum Schreiben an. Das gilt schon für den Anfangsunterricht: Die Buchstabenschrift erobern sich die Kinder handelnd über das Schreiben (siehe Kap. 7.2, S. 66 ff), sie erlesen dabei ständig Geschriebenes. Aus Vorgelesenem und Selber-Gelesenem entnehmen die Kinder zugleich Funktionen, Textformen und Sprache als Anregung für eigenes Gestalten in Bild und Schrift. Dies gilt für den Schreib- und den Leseanfang und dies gilt weiterhin über alle Grundschuljahre. Die Kinder schreiben selbst Lesetexte: Geschichten, Sachtexte, Gedichte für Leseversammlungen, Aushänge, Karteien, Bilderbücher, Themenbücher, Texte für das Klassentagebuch, die Klassenzeitung, sie schreiben zu Texten über eigene Leseerfahrungen wie Lesetipps und Lesetagebuch, sie schreiben Paralleltexte und verändern Texte.

Lernumgebung

Für einen solchen Unterricht ist eine Lernumgebung wichtig, die Kinder anregt und anleitet, Texte auf vielfältige Weise in Gebrauch zu nehmen: für genießendes Lesen ebenso wie für studierendes Lesen, für handlungsbezogene Umgangsweisen wie für individuelle Verarbeitung und Lesekommunikation.

\multicolumn{2}{c}{**Lernumgebung zur Entwicklung der Lesekompetenz**}	
Faktoren	*Lesen*
Materialien	reichhaltiger Lesestoff in der Klasse und an der Schule, besonders Kinderbücher, Lesehefte und Kinderzeitschriften für die verschiedenen Interessenlagen der Kinder; Themenkisten zu den Themen der Unterrichtseinheit mit Büchern, die von der Stadtteilbücherei ausgeliehen sind, ebenso zu Interessenthemen der Kinder, die sie in der freien Arbeit bearbeiten; Arbeitsbögen für Lesetagebücher und Lesetipps; Litfasssäule o.ä. mit Lesetipps; leseanregende Produkte von Kindern, z.B. Leseschachteln oder Kartontheater zu einzelnen Büchern
Zeiten	freie Lesezeiten für freies, d.h. individuelles Lesen in der freien Arbeit, in besonderen Büchereistunden der Schulbücherei, in Betreuungszeiten; Lesezeiten während der thematischen Arbeit zum themenbezogenen Lesen; Übungszeiten für das Üben bestimmter Lesestrategien

Orte	einladende Leseorte in der Klasse, auf dem Flur, in der Schulbücherei
Anregungen	Lesevorbilder zum Vorlesen, zum Miteinanderlesen: die Lehrerin/der Lehrer, Lesepaten, Kinder aus höheren Klassen für Kinder der Klassen 1 und 2; Anregungen für freies individuelles Lesen: Klärung von Interessen und Beschaffung von Lesestoff; Anlesen von Texten, mündliche und schriftliche Lesetipps, Vorstellen von Leseschachteln (siehe Materialien); Anregungen für themenbezogenes Lesen: Impulse aus dem Thema, Klärung von Interessen, thematische Bücherausleihe, z. B. Themenkisten der Stadtteilbücherei
Institutionen	freie Lesezeiten, Büchereistunden; Lesetagebuch; Lesetipps; Lesenacht in der Schule mit Vorlesen, Selberlesen bis zum Einschlafen, gemeinsamem Frühstück; Lese-Inszenierungen in der Klasse, z. B. mit einer Bilderfolge, mit dialogischem Vorlesen oder Nachspielen von Szenen, mit der Präsentation von Leseschachteln oder Szenen im Schuhkarton u. ä.; Leseinszenierungen für die Schulversammlung oder außerschulische Öffentlichkeit, z. B. in einer Buchhandlung; Kinderbuchwoche als Leseprojekt, dabei Zusammenarbeit mit der Stadtteilbücherei/ Buchhandlung, auch: Schaufenstergestaltung, Autorenlesungen und -gespräche, Leseinszenierungen
Kommunikation	Kommunikation in der Klasse über Gelesenes, über Lesemotive, Leseerfahrungen, Lesestrategien, über Meinungen zum Text, zum Fühlen, Denken und Handeln der Personen im Text
Unterstützende Fähigkeiten	Beim Schulanfang: Schreiben als handlungsbezogener Weg in die Buchstabenschrift, Vorlesen, Erlesen von bedeutungsvollen Wörtern, von Texten; Erweiterung des Lesefeldes, zeilenübergreifendes Lesen; Methoden wie: Erwartungen an den Text formulieren, Fragen zum Text stellen, Antworten finden, Schüsselwörter markieren, Texte gliedern, Textabschnitte und Texte zusammenfassen; Strategien zum genauen, zum selektiven, zum kursorischen Lesen, zum Auswendiglernen von Texten (Szenen, Gedichte)

Hier sind zwar Printmedien sowie Vertriebsorte wie Bücherei und Buchhandlung einbezogen, kaum aber die auditiven (Hörkassette, CD), audio-visuellen (Fernsehen, neuere Aufzeichnungs- und Wiedergabemedien) sowie elektronische Medien (Computer und entsprechende Software). Das hat seinen Grund darin, dass in der begrenzten Zeit, die der Grundschule für das Fach Deutsch zur Verfügung steht, der Förderung der Lesekompetenz von Schrifttexten eine Vorrangstellung zukommen muss. Angesichts der Bedeutung der neuen Medien in der Lebenswelt und der Alltagserfahrung der meisten Kinder muss dieser Aufgabenbereich aber auch in der Grundschule schon einbezogen werden, wie dies auch die Bildungsstandards Deutsch für den Primarbereich vorsehen. Anregungen hierzu z. B. in Metzger (2001).

Leseanfang

Lesen und Schreiben im Wechselspiel: Zunächst sei verwiesen auf den parallelen Absatz Schreibanfang im Kap. 7.2, S. 66ff. Auf ihrem Weg in die Schrift sind die Kinder bei Schulanfang an unterschiedlichen Stellen angekommen oder sie haben noch gar keinen Zugang zum Weg. Das eigene Erschreiben macht individuelle Wegstrecken und Tempi im Entdecken und Gebrauchen der Buchstabenschrift möglich; es vermittelt bedeutsame Erfahrungen mit Schrift und übt handlungsbezogen das Erschreiben wie das Erlesen. Denn während des Schreibens müssen die Kinder das bisher Geschriebene kontrollierend lesen, um den nächsten Laut zu identifizieren und den dafür passenden Buchstaben zu finden. Das hat für das einzelne Wort erst ein Ende, wenn es ganz geschrieben ist, was wiederum durch Erlesen kontrolliert wird: HEAPST. In diesen Prozessen und impliziten Erfahrungen liegt der Wert der von Jürgen Reichen propagierten Methode Lesen durch Schreiben. Normgerecht geschriebene und gedruckte Texte sind aber eine unentbehrliche Ergänzung, und zwar aus zwei Gründen: Sie können wichtige Informationen über die Schrift vermitteln und, wenn es motivierend ist, gute nachhaltig wirksame Gründe für das Lesen entwickeln und stärken.

– Texte vermitteln wichtige Informationen über die Schrift, z. B. über die normierten Buchstabenformen, über Wortgrenzen, über festgelegte und stabile Schreibweisen, dabei auch über Abweichungen von der elementaren Eins-zu-eins-Beziehung zwischen Laut und Buchstaben.
Ein Beispiel aus den ersten Schultagen: Beim Komm-Spiel schreibt die Lehrkraft das Wort KOMM an die Tafel und dazu einen Namen: KOMM MARC. Während des Schreibens lesen die Kinder mit. Bei M könnte es noch Melanie sein, bei MAR noch Maria. Marc darf dann zur Tafel kommen und seinen Namen einkreisen. Das bin ich. Die Kinder sehen: Marc wird eben nicht MAK geschrieben sondern MARC. Beim Wort KOMM erfahren die Kinder in der Verdopplung des M eine weitere Abweichung von der elementaren Laut-Buchstabenbeziehung und sie sehen die stabilen Wortgrenzen. Solche Erfahrungen werden beiläufig beim Umgang mit Geschriebenem oder Gedrucktem gemacht.

– Texte können dazu beitragen, dass die Kinder Lesen als eine bereichernde Kompetenz erfahren, für die sich auch Mühen lohnen. Für Kinder aus lesenden und schreibenden Elternhäusern ist dies keine neue Erfahrung, für die Mehrzahl der Kinder aber schon und eine unverzichtbare motivationale Grundlage für alle weiteren Bemühungen um das Lesenlernen. Für diese Kinder bedarf es insbesondere solcher funktionaler Leseaufgaben wie beim Komm-Spiel, bei der Anschrift des Tagesplans, beim Aufschreiben der Hausaufgaben, beim Namenlesen; hinzu kommen themenbezogene erste Texte, Wörterplakate mit Wörtern, die Kindern wichtig sind, insbesondere das regelmäßige Vorlesen, das Anschauen der Illustrationen und auch des Gedruckten.

Kompetenzentwicklung in Aufgabenbereichen

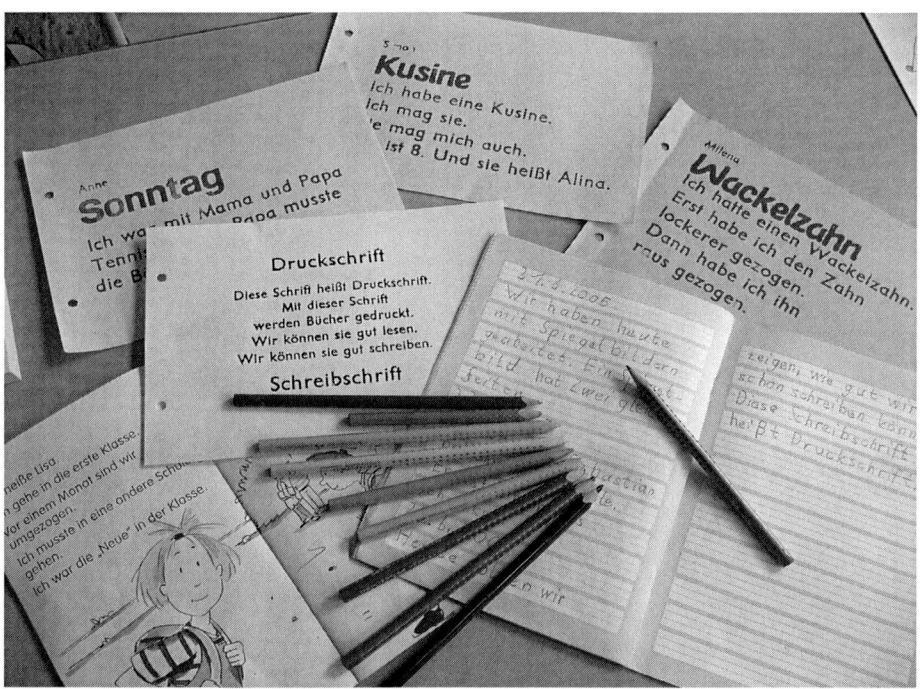

Kl. 1 eigene Texte

Individuelle Entwicklungen: Wie rasch die Kinder solche Anregungen annehmen, ist wiederum individuell unterschiedlich und von ihrem jeweiligen Entwicklungsstand mit bedingt. Das bedeutet, dass solche Erfahrungen immer wieder möglich gemacht werden müssen. Ein Beispiel nach drei Wochen in Klasse 1 sei noch einmal aufgegriffen: Die Bremer Stadtmusikanten, vorgelesen, zu Szenen gemalt, mit den Bildern das Märchen nacherzählt, die Tierlaute gesprochen und geschrieben, den Original-Märchentext als Kopie betrachtet und in die Märchenmappe sortiert. Dann erhielten die Kinder ein Faltbüchlein mit 16 Seiten, auf jeder linken Seite eine Szene aus dem Märchen mit einer Strichzeichnung, jede rechte Seite war frei für einen eigenen Text des Kindes. Die Kinder gestalteten damit ein kleines Märchenbuch.

Was an dem Beispiel zu ersehen ist: Während ein Kind lediglich das im Unterricht erworbene Lautwort IA sinnvoll einsetzt, erschreibt ein anderes Kind schon lautentsprechend den Tiernamen, ein drittes Kind erschreibt bereits einen Satz, dabei sind die Wortgrenzen und der Satzschluss beachtet, der Tiername ist korrekt geschrieben. Dieses dritte Kind hat also bereits vom gedruckten Text profitiert. Alle drei Texte erzählen inhaltlich das Gleiche, mit den derzeit individuell zur Verfügung stehenden Möglichkeiten.

Leseanregungen: Die Klassenbücherei sollte schon in Klasse 1 Textblätter, Hefte und Bücher, Bilderbücher, Kinderbücher, Kinderlexika bereithalten, so dass insgesamt eine Bandbreite an Schwierigkeitsgraden und Textsorten sowie Themen und Interessenfelder der Kinder repräsentiert ist.

Wenn das Kind ein Buch angeschaut und darin gelesen hat, kann es in einem Leseausweis Autor, Titel und das aktuelle Datum eintragen. Die Lehrkraft kann zusätzlich zwei oder drei Fragen zum Buch stellen; werden sie richtig beantwortet, dann setzt sie noch einen Stempel dazu.

Im Laufe der Zeit können die Kinder auch ein Formular ausfüllen, das den Grundstock für ein Lesetagebuch legen kann, wenn das Kind seine Blätter in einem Hefter separat sammelt. Mit dem ausgefüllten Formular kann das Kind das Buch in der Klasse vorstellen und damit zu Leseanregungen beitragen.

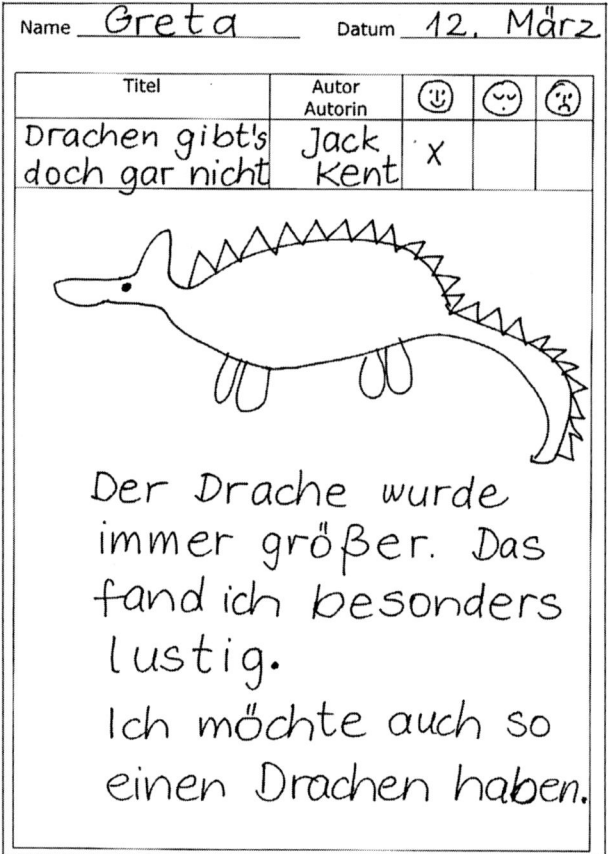

Lesetagebuch Kl. 1

Ein thematisch gestalteter Unterricht birgt Anregungspotential auch zum Lesen. Moderne Fibeln versammeln zu den Themen jeweils ein Textangebot, günstigenfalls in verschiedenen Schwierigkeitsgraden. Hinzu kommen Lesereihen speziell für das Erstlesealter, allerdings sind hier bestimmte Themen reichhaltig vertreten (Schule, Tiere, Freunde sein, Hexen und Zauberer), während andere seltener vorkommen (Verkehr, Medien, Umwelt, Zeit ...). Informationstexte finden sich zudem auf den Kinderseiten des Internets, eine Übersicht bietet *www.seitenstark.de* eine gut sortierte Homepage auch mit Texten für Leseanfänger ist *www.blinde-kuh.de*. Thematisch passende Texte werden in ein Themenregal gestellt. Kinder können zum Thema lesen und in der Klasse einen Lesebericht geben. Oder die Lehrkraft liest mit den Kindern gemeinsam Texte und erarbeitet, was sie zum Thema beitragen.

Leseübungen: Im thematischen Rahmen, aber auch in didaktischen Schleifen werden Leseübungen durchgeführt, um die Lesesicherheit zu stärken und das Lesetempo zu erhöhen. Denn wer zügig und mit weniger Anstrengung liest, kann mehr und genussvoller lesen. Der Übungsbedarf ist bei den Kindern unterschiedlich. Es ist also jeweils zu entscheiden, ob die Übungen mit allen Kindern oder nur mit einem Teil durchgeführt werden. Die Beispiele im folgenden Text stehen nur exemplarisch und sollen vor allem darauf verweisen, dass Übungen sich auf mehrere Ebenen beziehen müssen: auf die Wortebenen, auf die Satz- und die Textebene. Moderne Fibeln bieten in ihrem Begleitmaterial zu diesen Ebenen viele Übungen an.

Leseübung Kl. 1

Wortbezogene Übungen sind Leseübungen auf der Buchstaben, auf der Silben- und der Morphemebene. Einige Beispiele:

In Wörtern werden Buchstaben ausgetauscht, weggelassen, ergänzt. Dies übt das genaue Hinsehen und Unterscheiden, was insbesondere für den Leseanfang wichtig ist: OMA – OPA – MAMA – PAPA. MAMA – LAMA – LAMM – KAMM – KOMM. Mit diesem Verfahren können auch Rechtschreibmuster in der raschen optischen Erfassung geübt werden: Baum – Raum – Traum – Maus – Laus – raus. Katze – Tatze – kratzen – schwatzen – platzen – Platz. Arbeitsmittel für solche Übungen sind Buchstabenkarten oder Folienbuchstaben für den Projektor.

Eine Variante ist die Wort-Bild-Zuordnung, bei der das Bild mit dem entsprechenden Wort oder der Wortgruppe verbunden werde muss:

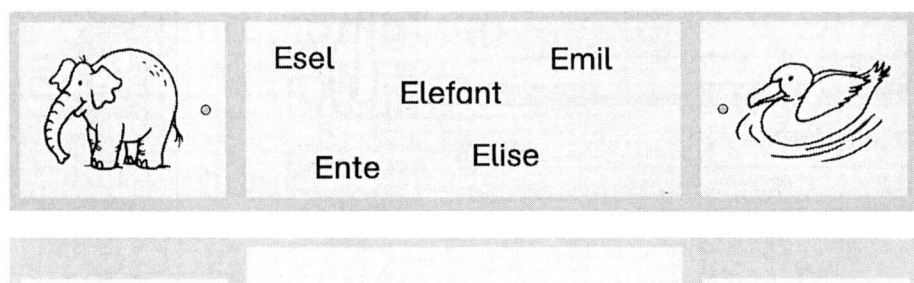

ein Hase im Haus
ein Hose am Haus
ein Hut im Haus
ein Hund am Haus

Ein Klassiker ist der Wortaufbau. Er kann auf der Wortebene eine Strategie üben, die für das geläufige Lesen kennzeichnend ist: das Hypothesen testende Lesen. An Hand weniger Informationen wird der Sinn vermutet, das Weiterlesen fungiert als Kontrolle. Die Wortaufbau-Übung ist also dann ergiebig, wenn die Kinder von Mal zu Mal vermuten, welches Wort hier wohl entstehen mag: M – Ma – Mar – Marm – Marme – Marmel – Marmelad – Marmelade.

Die Silben zweisilbiger, später dreisilbiger Wörter werden auf Papierstreifen zu Wörtern sortiert und aufgeklebt oder mit einer Wörtermaschine (siehe S. 104) zu Wörtern geschoben und aufgeschrieben. Dies übt durch die Segmentierung in Silben die Erlesegeschwindigkeit. Später können entsprechende Übungen auf der Morphemebene durchgeführt werden, ebenso mit zusammengesetzten Wörtern.

Bei *satzbezogenen Übungen* geht es um das Sinnverständnis des Satzes als Aussageeinheit. Zu einem Bild oder einem Text werden mehrere Sätze angeboten, von denen nur einer dem Bild oder dem Text entspricht. Der richtige Satz wird markiert. Ohne Bild- oder Textvorlage ist das Kind selbst mit seinem Vorwissen der Kontext, von dem her Sätze stimmen oder nicht stimmen. Das können bei einem Thema oder einem Interessengebiet richtige und falsche Aussagen sein. Ein Beispiel zur eigenen Person:

- Ich bin ein Mädchen.
- Ich bin ein Junge.
- Ich bin acht Wochen alt.
- Ich bin sieben Jahre alt.
- Ich bin leichter als mein Papa.
- Ich mag gerne Kuchen.
- Ich esse gern Brot mit Tomate und Gurke.

- Ich esse gern Brot mit einem Regenwurm.
- ...

Oder: In einem Satz passt ein Wort nicht in den Sinnzusammenhang und muss herausgestrichen werden:
- Die Katze sitzt liest auf der Fensterbank.

Wilfried Metze hat diese Methode für einen standardisierten Lesetest verwendet, dem Stolperwörter-Lesetest, mit dessen Hilfe auch in zeitlichen Abständen die Lesefortschritte der Kinder festgestellt werden können (www.lesetest1-4.de).

Oder: Aus vorgegebenen gewürfelten Satzfragmenten werden stimmige Sätze hergestellt.

Bei *textbezogenen Übungen* geht es um das Sinnverständnis eines ganzen Textes. Bei Kindern am Anfang des Erlesens muss das Lesefeld der Kinder allmählich weiter werden, damit sie nicht von Wort zu Wort zu lesen. Kinder, denen das Lesen leicht fällt, üben diese Fähigkeit implizit beim Lesen der Texte. Für viele Kindern ist es aber hilfreich, wenn sie hierzu auch üben können. Die Texte werden zunächst in Sinnabschnitten gedruckt, so wie es alle Fibeln aber bei weitem nicht alle Bücher für Erstleser machen. Ein Beispiel: Es handelt sich um ein Rätsel beim Thema: Unser Körper, etwa in der Mitte von Klasse 1.

Er ist dicker als die anderen vier und er kann zappeln wie die anderen vier. Er steht etwas weg von den anderen vier. Aber wenn die anderen vier etwas packen wollen, dann brauchen sie ihn. Es ist mein?

So gesetzt, sind für viele Kinder die Textzeilen zu lang. Sie hangeln sich von Wort zu Wort und vergessen dabei den Sinnzusammenhang.

Er ist dicker als die
anderen vier und er
kann zappeln wie die
anderen vier.

Die Zeilen sind zwar kurz. Aber der Sinn führt über die Zeile hinweg, was für Leseanfänger eine Erschwernis darstellt, so lange sie am Ende der Zeile innehalten. Sie brauchen zunächst einen für sie verstehbaren Sinnzusammenhang pro Zeile:

Er ist dicker
als die anderen vier
und er kann zappeln
wie die anderen vier.

Der Drucksatz in Sinnabschnitten ermöglicht, dass die Kinder ihr Lesefeld auf die Zeile richten und am Ende der Zeile innehalten, die nächste Zeile suchen und dann weiterlesen. Durch die Verwendung bekannter Lesewörter (er ist, als, die, und kann ...) sowie die Wiederholung bestimmter Wortgruppen (anderen vier), brauchen diese Wörter nicht mehr buchstabenweise erlesen zu werden. Dadurch beschleunigt sich das Lesetempo. Lese- und Übungstexte sollten gerade bei noch schwächeren Lesern entsprechend gestaltet sein.

Durch länger werdende Texte können diese Effekte noch deutlicher genutzt und damit geübt werden. Sie stehen auf einer Folie. Jeweils eine Zeile wird frei gegeben. Die Kinder lesen und vermuten die Fortsetzung.

Opa liest.
Opa liest vom Kopf.
Opa liest vom Kopfsalat.
Opa liest vom Kopfsalat im Garten.
Opa liest vom Kopfsalat im Garten die Schnecken ab.

Ein nächster Schritt ist das zeilenübergreifende Lesen. Hierzu brauchen die Kinder eine Strategie zum vorausschauenden Lesen. Ihr Auge muss vom Zeilenende auf die neue Zeile bis zum nächsten Punkt sehen. Eine Möglichkeit, dies zu erkennen und deutlich zu machen, ist die farbige Markierung jedes Satzes oder ein dicker senkrechter Strich bei den Punkten. Kürzere Texte wie das Rätsel oben werden jetzt so gesetzt, dass die immer noch kurzen Zeilen im Satz willkürlich enden.

Um zu üben, Informationen und Textstellen im Text zu finden, sind die Standardverfahren, Fragen zum Text zu beantworten oder die Aufgabe, bestimmte Stellen im Text zu unterstreichen.

Andere Übungsmethoden sind folgende: Bei einem Text sind die Sätze „verwürfelt", sie müssen, um den Sinnzusammenhang herzustellen, richtig sortiert, also auseinander geschnitten und neu montiert werden. Oder: Zwei Texte sind satz- oder abschnittsweise ineinander geschoben, „verflochten". Aufgabe ist, die beiden Texte zu entflechten, also wieder auseinander zu schneiden und im Textsinn richtig zusammenzukleben.

Ausführlicheres mit Praxisbeispielen findet sich vielfältig in der Literatur, u. a. in: Balhorn u. a. (1998), Dehn (2006) Dehn/Hüttis-Graff (2006), auch im Begleitmaterial zu modernen Fibeln.

Leseförderung

Unter Leseförderung sind alle Maßnahmen zu verstehen, die Leselust und Lesefähigkeiten, kurz: die Lesekompetenz, fördern können. Welche Texte Kinder lesen hängt nur zum Teil von der Schwierigkeit eines Textes ab, mitentscheidend ist auch das Interesse, das Kinder für das Thema haben. So wie ein Kind in Klasse 1, das zu Hause ein Meerschweinchen hat und darüber schreiben will, sich früh für die Schreibweise des Wortes Meerschweinchen interessiert und sie speichert, so nehmen für Dinosaurier begeisterte Kinder auch die Mühen in Kauf, die lateinischen Namen wie Tyrannus saurus rex zu erlesen und sich durch einen schwierigen Sachtext zu arbeiten. In ihrem Leseinteresse unterscheiden sich Jungen und Mädchen, die einen lesen gerne Comics und Sachtexte über Dinos, Weltraum, Indianer, die anderen Geschichten mit Mädchen und Kinderromane, in denen Pferde eine Rolle spielen. Allerdings differieren die Leseinteressen auch innerhalb der Mädchen und der Jungen. Die Konsequenz muss sein, dass sich in der Klassen- und Schulbücherei von den Thematiken und den Textsorten her Bücher für alle Interessen befinden.

Selbstvergessen lesen

Individuelles und freies Lesen: Der einfachste Weg, das Spektrum an Interessen der Kinder für eine Klasse zu ermitteln, ist der Besuch der Stadtbücherei mit den Kindern. Sie stöbern in den Bücherschätzen der Abteilung Kinder- und Jugendbücher und dürfen eine mit der Bücherei festgelegte Anzahl von Büchern für eine Ausleihkiste auswählen. Die Kinder lesen in der Schule und möglichst auch zu Hause in ihren Büchern. Kinder in Schulen in literalen Milieus, in denen sie von Hause aus Lese- und Schreiberfahrung haben, bringen Bücher mit: Lieblingsbücher, die das Kind in der Klasse vorstellen mag, oder ausgelesene Bücher, die für die Klassenbücherei dieser oder der Patenklasse gespendet werden. In einer Schule wurde mit Elternzustimmung die Regelung eingeführt, dass zum Geburtstag das Kind ein neues Exemplar seines Lieblingsbuches für die Klassenbücherei stiftet anstelle der bis dahin gespendeten Süßigkeiten.

Die Kinder stellen ihr *Lieblingsbuch* der Klasse vor. Das Kind zeigt sein Buch und begründet seine Wahl. Es erzählt etwas zum Inhalt, ohne alles zu verraten, und gibt am Ende eine Bewertung ab: War das Buch spannend oder lustig oder lehrreich oder gruselig ... oder vieles zusammen? War es leicht oder schwer zu lesen? Die Bewertung findet seinen Niederschlag in einem Buchtipp, der an einer Büchertafel ausgehängt oder für eine Lesemappe der Kinder kopiert wird.

Buch-Tipp

Titel:

Autor/in:

Was mir an diesem Buch gefällt:

So hat mir das Buch gefallen:

Kein Stern: Nicht zu empfehlen; 1 Stern: gefiel mir nicht so-bis 5 Sterne: super, toll, spitze!

Dieses Grundmuster der Buchvorstellung kann mit verschiedenen Möglichkeiten attraktiver gestaltet werden. Die Vorzüge reichen aber weiter: In der Vorbereitung auf die Präsentation des Buches vertieft sich beim Kind die Leseerfahrung, es klärt seinen Verstehensprozess; die anderen Kinder werden zum Lesen angeregt; bei allen Kindern erweitert sich die Erfahrung über die Reichhaltigkeit der Bücherschätze.

– Zur Buchvorstellung hat das Kind den Buchtitel und einige ausgewählte Illustrationen kopiert und erzählt dazu, z. B. Illustrationen mit den Haupt-

personen und einer besonderen Situation. Die Bilder werden nacheinander in die Kreismitte gelegt, oder mit Folien projiziert. Dazu erzählt das Kind.
- Das Kind liest drei Lieblingssätze vor und erzählt dazu oder: Es liest eine besonders lustige oder spannende oder gruselige Stelle vor.
- Das Kind hat zum Vorlesen einen Partner oder eine Partnerin ausgewählt und mit diesem Kind die Präsentation vorbereitet. Dialoge aus dem Buch werden zu zweit dialogisch vorgelesen. Das Vorlesen muss allerdings vorher gut geübt werden, hat hier aber anders als beim traditionellen Reihum-Vorlesen eine Funktion.
- Materialien zum Buch und zur Geschichte im Buch werden zusammengestellt: Gegenstände, wie sie im Buch vorkommen, dazu Kärtchen mit Zitaten, in denen der Gegenstand vorkommt. In einer Klasse hatte eine Gruppe nach dem Lesen des Buches „Die kleine Hexe" die Gegenstände gesammelt: einen Unterrock, Playmobilpferde mit Kutsche, Minihexenbesen, Nasenmaske mit Warze, Kopftuch, Kuschelraben ... Bei der Vorstellung des Buches wurden die Gegenstände gezeigt und dazu wurde erzählt, an welcher Stelle des Buches sie vorkommen.
- Aus einer Schuhschachtel wird eine Leseschachtel: Auf den Deckel wird die Kopie der Titelseite, in die Innenseite des Deckels der Lesetipp geklebt, dazu wird geschrieben, wer die Schachtel zusammengestellt hat, in die Schachtel werden gelegt die Gegenstände und die Kärtchen aus dem vorigen Vorschlag. Kann das Buch in der Klasse bleiben, dann wird es ebenfalls in die Schachtel gelegt.
- Eine zentrale Szene wird wie eine Theaterszene in einem nach vorne offenen Schuhkarton arrangiert, mit Hilfe von Abfallmaterialien, Spielfiguren oder Knete. In Gruppen können auch mehrere solcher Szenen gestaltet werden. Hierzu wird die Episode erzählt.
- Einige Szenen werden im Schuhkarton-Theater mit Spielfiguren vorgespielt.
- Zum Buch schreibt das Kind oder die Gruppe Fragen auf, die man nach der Lektüre beantworten kann. Diese Fragen werden mehrfach kopiert und der Schuhschachtel oder dem ausgehängten Lesetipp beigefügt. Die Antworten werden dem Expertenkind für das Buch gebracht, das sie kontrolliert und bei richtiger Beantwortung abzeichnet. Danach kann das Kind das Buch in seinen Lesepass eintragen.

Die materialisierten Präsentationsformen können auch für Ausstellungen in der Schule, für die Schaufenster-Gestaltung eines Buchgeschäfts oder der Stadtbücherei genutzt werden.

Eine *Lesenacht* stellt einen Höhepunkt im Klassenleben dar. Die Bücher dafür werden von den Kindern ausgewählt. Für einen Freitagabend, möglichst in der dunkleren Jahreszeit, wird ein Klassenraum oder die Schulbücherei vorbereitet. Der Raum wird mit Isomatten, Luftmatratzen, Schlafsäcken, mit Lampen ausgestattet, dazu genug Mineralwasser, Tee, Becher. Die Kinder kommen nach dem Abendessen und dem Zähneputzen in die Schule. Sie richten sich im Raum ein, die Lehrkraft liest zur Einstimmung vor. Dann lesen die Kinder, bis ihnen die Augen zufallen, manche lesen bis zum frühen Morgen. Möglicherweise wird zwischendurch vorgelesen. Am Samstagmorgen bereiten Eltern in einem anderen Raum ein gemeinsames Frühstück vor, mit dem dann die Lesenacht endet.

Weitere Hinweise befinden sich z. B. auf den Webseiten:
www.lesekiste.lesefoerderung.de und www.lesenacht.de sowie in den Buchveröffentlichungen Knobloch (2002 und 2005).
Lesetagebücher: Lesetagebücher spiegeln die individuelle Lesebiografie des Kindes. Sie können ab Klasse 1 geschrieben werden, siehe das Beispiel S. 114. Die Kinder notieren zu Büchern, die sie lesen oder gelesen haben:
– Angaben zum Buch: Autor, Titel, Verlag, Seitenzahl
– Zum Inhalt des Buches
– „Das hat mir gut gefallen"
– „Das hat mir nicht gut gefallen"
Bilder und Textpassagen können ergänzt werden.

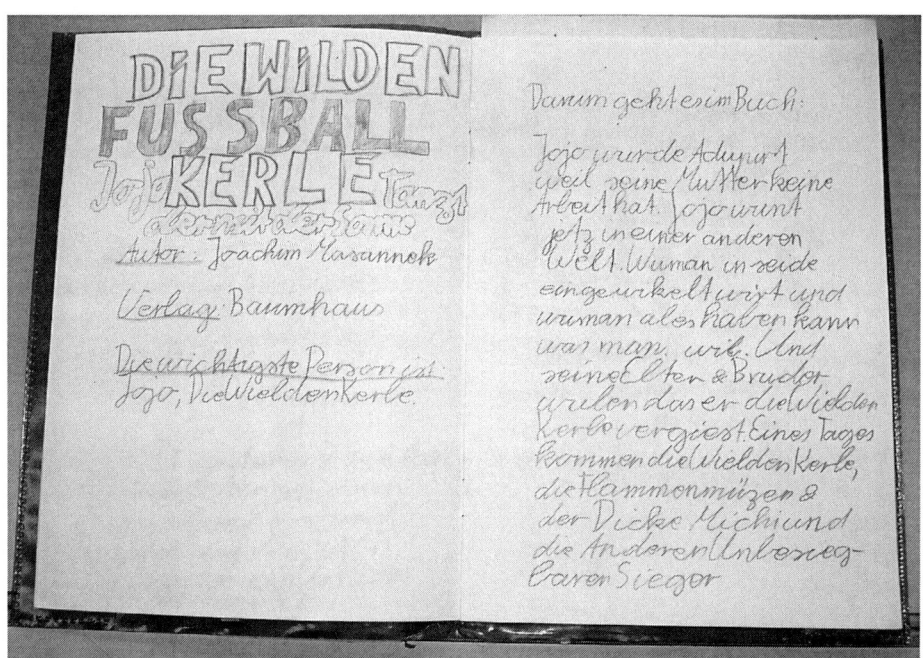

Im Laufe der Zeit kann ein Katalog von Anregungen entstehen, aus dem sich die Kinder je nach Interesse und Fähigkeiten für ihr Lesetagebuch zusätzlich bedienen können:

– Am Ende eines Kapitels aufschreiben, was geschehen ist.
– Am Ende eines Kapitels aufschreiben, wie es weitergehen kann oder wie ich mir wünsche, dass es weitergeht.
– Wörter, Sätze aufschreiben, die besonders sind, z. B. witzig, traurig ...
– Aufschreiben, worüber ich nachgedacht habe: über einen Menschen, eine Handlung, eine Situation, ein Problem, über sich selbst.
– Zum Buch malen oder zeichnen: Wie stelle ich mir die Person, das Haus, die Situation vor?
– Einen Brief an eine Person im Buch schreiben: Was fand ich gut, was nicht gut, was möchte ich der Person gerne noch sagen?
– Einen Brief an die Autorin oder den Autor schreiben. Wie hat mir das Buch gefallen? Was möchte ich noch gern wissen?

Praxiserfahrungen zu Lesetagebüchern befinden sich zum Beispiel in: Bertschi-Kaufmann (1998), Hintz (2005).

Themenbezogenes Lesen: Viele der üblichen Grundschulthemen sind in der Kinderliteratur reichhaltig durch erzählende und durch Sachliteratur vertreten, ebenso durch Hörspiele. Die Kinder forschen in der Bücherei zum jeweiligen Rahmenthema nach geeigneten Texten, nach Unterthemen, die sie besonders interessieren wie bei einem historischen Thema die Römerzeit oder das Mittelalter, oder überhaupt die Archäologie, vom Leben auf einer Burg, aus dem früheren Leben der Indianer oder auch alte Sagen. Beim Thema Tiere ist die Auswahl in allen Buchgattungen nahezu unerschöpflich. Beim Thema Hexen finden sie neben dem Klassiker von der kleinen Hexe neuere Hexenbücher, Hexenmärchen, aber auch Geschichtliches. Die Bibliothekare und Bibliothekarinnen helfen mit weiteren Hinweisen. Die Lehrkraft kann sich zudem ein Bild über themenbezogene empfehlenswerte Kinderliteratur im Internet verschaffen: Auf der Homepage www.stiftunglesen.de findet man, regelmäßig aktualisiert, Kinder- und Jugendbücher für verschiedene Altersgruppen und Leseinteressen/Themen vorgestellt. Im Unterricht erarbeiten sich die Kinder in Interessengruppen ihr Thema, unterstützt durch die ausgewählte Literatur.

Bücher können auch direkt zum Thema gemacht werden. In zwei Astrid-Lindgren-Wochen lasen die Kinder in allen Klassen Bücher und Geschichten der Autorin und bereiteten das Gelesene für Präsentationen vor, wie sie mit verschiedenen Möglichkeiten oben skizziert wurden. Am Ende gab es einen Astrid-Lindgren-Nachmittag mit Vorlesungen, gespielten Szenen, einer Bilderausstellung, mit Liedern und einem Astrid-Lindgren-Quiz, das die 4. Klassen ausgearbeitet hatten.

In einer 2. Klasse lasen die Kinder drei verschiedene Drachenbücher mit deutlich unterschiedlichem Schwierigkeitsgrad: „Drachen gibt's doch gar nicht" von Jack Kent, „Der junge Drache" von Elisabeth Heck und „Hanno malt sich einen Drachen" von Irina Korschunow. Die Lehrerin hatte zunächst die drei Bücher vorgestellt, eine interessante Textstelle vorgelesen sowie die Inhaltsangabe auf dem Bucheinband und einige Bilder gezeigt. Gemeinsam wurde dann überlegt, was in dem Buch wohl geschieht. Anschließend hatten die Kinder Zeit, in den Büchern zu blättern und sich für ein Buch zu entscheiden. Für das Lesen erhielten die Kinder ein Leseprotokoll, ein aus mehreren Blättern in der Mitte geklammertes Heft. In dem Heft standen zu allen Kapiteln des jeweiligen Buches
– Fragen zum Inhalt
– Fragen nach Wortbedeutungen
– Aufforderungen, zu einer Textstelle eine eigene Meinung aufzuschreiben.

Auf freien Seiten malten oder schrieben die Kinder zu Personen, zu Orten, zu Szenen: Wie sie sich dies vorstellten, was sie besonders traurig, spannend oder lustig fanden. Am Ende gab es ein Formular für Steckbriefe über die Hauptpersonen.

In einer 4. Klasse lasen die Kinder gemeinsam ein Taschenbuch: „Fliegender Stern" von Ursula Wölfel, das im übrigen wohl meistgelesene Kinderbuch in

Grundschulen. Die Lehrerin las das erste Kapitel vor, erzählte dazu von der Welt der Prärieindianer, die Kinder vermuteten, wie es wohl weitergehen könne. Danach lasen sie individuell weiter, einzeln oder mit dem Partner. Am Ende jeder Lesestunde war eine Zeit eingeplant, in der die Kinder in ein eigenes Schreibheft Leseeindrücke aufschreiben konnten. Dazu hatten sie eine Karteikarte mit Anregungen, die im Zusammenhang mit den Lesetagebüchern entstanden waren:
- Lieblingsstellen aufschreiben,
- Gelesenes in einem Bild oder in einer Bilderfolge festhalten,
- aufschreiben, was sie Neues erfahren haben, worüber sie gerne mehr wissen möchten,
- eine Botschaft an eine handelnde Person schreiben,
- Wünsche für den Fortgang der Geschichte aufschreiben ...

Außerdem lagen im Klassenraum Sachbücher über das Leben der Indianer aus, die von den Kindern nach individuellem Interesse genutzt wurden. Zwischendurch kamen die Kinder zum Gesprächskreis zusammen, lasen Textpassagen gemeinsam, tauschten Leseeindrücke aus, lasen ihre Briefe an handelnde Personen vor, berichteten und klärten Wissen über das Leben der Indianer.

Die beiden Beispiele, das Drachenthema in der 2. und der Wölfel-Roman in der 4. Klasse, sind auch Beispiele für Varianten des Lesetagebuchs.

Anregungen zur Leseförderung findet sich vielfach in der Literatur, ein Sammelband dazu ist Bartnitzky u. a. (2006), aus dem auch beiden letzten Beispiele stammen.

Lesestrategien und Methoden

An zwei zentralen Aspekten der Lesekompetenz sollen beispielhaft Strategien und Methoden verdeutlicht werden, die durch Unterricht entwickelt und gestärkt werden müssen: am Verstehen des Textes und am kreativen Umgang mit dem Text.

Zum Verstehen des Textes: Texte werden immer mit einer bestimmten Erwartungshaltung gelesen, die sich aus individuellen Erfahrungen und Vorstellungen, aus dem Weltwissen, dem sprachlichen und literarischen Wissen speist. Dies bewegt überhaupt erst den Leser, sich auf den Text einzulassen, es erleichtert das Lesen und befördert das Verständnis, weil der Text immer mit den Vermutungen und Kenntnissen abgeglichen wird. Mit der Strategie der Antizipation können diese Vorgänge bewusst gemacht und didaktisch für das Textverständnis genutzt werden:
- Vor dem Lesen äußern die Kinder Vermutungen und Erwartungen an den Text, sie tauschen ihr Vorwissen zum Textthema miteinander aus. Anregen kann die Kinder der thematische Zusammenhang, z. B. verbunden mit dem Buch- oder Texttitel wie bei den Drachenbüchern, eine aussagekräftige Illustration des Textes, Gegenstände zum Text in einer Leseschachtel, der erste

Absatz oder das erste Kapitel wie beim „Fliegenden Stern", Schlüsselwörter aus dem Text. Beim Bücherlesen kann diese Strategie von Kapitel zu Kapitel eingesetzt werden: Wie kann es weitergehen? Was wird die eine oder andere Person tun?

- Bei Sachtexten stellen die Kinder vorab Fragen, von denen sie hoffen, dass sie im Text beantwortet werden. Zum Beispiel sind sie bei Gesprächen über Tiere auf bestimmte Fragen gestoßen: Wo kommen die Tiere her? Wie leben sie? Was brauchen sie als Nahrung? Wie vermehren sie sich? Wie lange leben sie? Zu einigen Tieren, die Kinder als Haustiere haben, erfahren sie schon Antworten. Bei anderen Tieren stellen sie Vermutungen an. Zum Unterrichtsthema Tiere werden Bücher besorgt, erzählende wie Sachbücher. Die Kinder bilden Interessengruppen zu verschiedenen Tieren und bereiten Vorträge über die Tiere vor. Die Fragen steuern das informierende Lesen und werden später zu Steckbriefen über die erforschten Tiere führen.

Beim Lesen des Textes können Strategien eingesetzt werden, die das Leseverständnis unterstützen:

- *Antizipiertes im Text klären*: Die Stellen im Text werden markiert, an denen die Vermutungen und Erwartungen eintreffen oder an denen die Ereignisse gerade anders verlaufen, als vermutet. Im Anschluss tauschen die Kinder, die den jeweiligen Text gelesen haben, ihre Ergebnisse miteinander aus und diskutieren über unterschiedliche Einschätzungen.
Wurden zuvor Fragen formuliert, dann werden die Stellen markiert, die Antworten darauf geben. Waren die Fragen durchnummeriert, können am Rand des Textes bei den Antworten die entsprechenden Zahlen geschrieben werden. Interessante weitere Information werden angestrichen. Auf einem Formular mit den Fragen können die Textinformationen eingetragen werden: wörtlich, mit eigenen Worten oder stichwortartig – je nach Entwicklungsstand der Kinder. Wenn mehrere Kinder unabhängig voneinander so gearbeitet haben, dann vergleichen sie ihre Ergebnisse und überprüfen Unterschiede am Text.
- *Zusammenfassen*: An den Textrand werden zu jedem Abschnitt Notizen gemacht: Der Klassiker bei dieser Strategie ist die Überschrift oder ein Satz zu dem Abschnitt, mit dem das Wichtigste festgehalten wird. Sprachlich anspruchsvoller ist die Verkürzung auf Stichwörter.
- *Kommentieren*: An den Textrand werden eigene Gedanken zum Text, Fragen oder wichtige Informationen notiert. Dies bereitet auch auf das anschließende Gespräch über den Text vor.
- *Strukturieren*: Erzähltexte können in Erzählschritte gegliedert werden. Die Kinder entscheiden darüber mit folgender Strategie: Wenn man aus der Geschichte eine Bilderfolge machen will, an welchen Textstellen brauchte man immer ein neues Bild? Markiert können die Erzählschritte werden durch

senkrechte Striche, Randnummerierung, farbiges Markieren oder indem der Text Erzählschritt für Erzählschritt zerschnitten und geklebt wird. Die Kinder reflektieren ihre Ergebnisse. Bei der einen oder anderen Geschichte, bei der diese Weiterarbeit lohnt, können die einzelnen Erzählschritte auch zu eigenen Bildern gemalt werden: Märchen wurden Szene für Szene auf großen Blättern illustriert, die Blätter wurden in der Abfolge der Geschichte auf eine Tapetenbahn hintereinander geklebt und konnten dann als Bilderfolge zur Märchenerzählung abgerollt werden. Eine Variante ist das Märchen aus der Streichholzschachtel: Die Bilder werden auf einen Papierstreifen gezeichnet, der gefaltet in eine Streichholzschachtel passt. Bild für Bild kann dann herausgezogen werden.

– *Wörter klären*: Texte können für Kinder besonders schwierige oder unverständliche Wörter und Wendungen beinhalten, die sich beim Lesen für die Kinder nicht aus dem Kontext klären. Solche Wörter oder Wendungen können vorweg geklärt werden: durch Synonyme, einfache Erklärungen, Zerlegung zusammengesetzter Wörter. Die Erklärungen werden für die Leser sichtbar aufgeschrieben. Diese Wörter und Wendungen werden beim Lesen unterstrichen. Später werden die jeweiligen Sätze zu den Erklärungen hinzugefügt. Die Wörter und Wendungen werden dann im Kontext auch von den Kindern erklärt.
Bei Sachthemen können die fachlichen Wörter oder Wendungen mit Erklärungen auf Lernplakaten festgehalten und für die weitere Arbeit nutzbar gemacht werden.

– *Rekonstruieren*: Der Text kann zunächst so präsentiert werden, dass er erst hergestellt werden muss. Dabei klärt sich das Textverständnis mit Hilfe der Strategie Rekonstruktion: Er wird „verwürfelt" den Kindern gegeben, das heißt: die Abschnitte sind in sinnwidriger Reihenfolge gedruckt oder finden sich auseinander geschnitten in einem Briefumschlag. Oder: Im Text sind inhaltswichtige Wörter geweißt, also nicht erkennbar, und müssen ergänzt werden. In beiden Fällen können die Kinder zu unterschiedlichen Ergebnissen kommen, deren Vergleich wiederum das Textverständnis klären hilft.

– *Lesefragen beantworten*: Die Lehrkraft kann den Kindern Lesefragen mitgeben, die beim Lesen beantwortet werden. Der einfachste Fall sind Fragen zu Informationen, die sich direkt im Text finden: Welche Tiere gehören zu den Bremer Stadtmusikanten? Wichtig für das Textverständnis sind aber auch Fragen, die mehrere Informationen des Textes miteinander verbinden: Was haben die Tiere gemeinsam? Oder: Was wäre gewesen, wenn die Räuber am Tag zurückgekommen wären? Zu den textimmanenten Fragen können Fragen ergänzt werden, bei denen Leser Vorwissen heranziehen müssen: Woran erkennt man, dass es ein Märchen ist? Oder Fragen, die persönliche Einschätzungen herausfordern: An welchen Stellen war die Geschichte besonders spannend? Welche Stellen magst du dir besonders gern vorstellen? Wer war denn im Recht: die Räuber oder die Tiere?

Bei den letzten Fragen, die nicht nur einzelne lokalisierbare Informationen aus dem Text entnehmen, sondern die ihn interpretieren, gibt es auch individuell unterschiedliche Antworten, die das Gespräch über Text und Textverständnis weiter anregen können.

Siehe auch die Beispiele: Drachenbücher und Fliegender Stern auf S. 124f.

Je nach Einzugsbereich der Schule finden sich in den Klassen Kinder, für die auch altersgemäße Texte besonders schwierig sind: Kinder aus spracharmen Milieus, Kinder mit nicht-deutscher Familiensprache, für die Deutsch eine zu erlernende Zweitsprache ist. Für diese Kinder sind mehrere der oben skizzierten Möglichkeiten hilfreich zum Textverstehen, sie sollten dann noch expliziter genutzt werden: die Motivierung für den konkreten Text und die Antizipation; die Klärung von Vorwissen der Kinder, das die Lehrkraft dem Text entsprechend vor dem Lesen noch ergänzen kann, dazu das Lernplakat mit der Erklärung schwieriger Wörter; das Zerlegen des Textes in Erzählschritte, zunächst durch die Lehrerin, später mit den Kindern, dazu Handskizzen, die mit den Kindern zu jedem Erzählschritt angefertigt werden; Fragen zum Text, die sich zunächst nur auf im Text wiederzufindende lokalisierbare Informationen beziehen. Eine motivierende und für das Leseverständnis ertragreiche Variante gerade für lese- bzw. sprachschwache Kinder ist, wenn die Kinder selber Fragen zu jedem Abschnitt finden, die aus dem Text heraus von den Mitschülern beantwortet werden können. Hinzu kommen Übungen, um häufige Schwierigkeiten in Wörtern und in Sätzen durch spezielle Verstehensstrategien zu bewältigen, wie die Zerlegung zusammengesetzter Wörter oder das Auffinden der Bezugswörter bei Pronomen. Siehe hierzu z. B. Bartnitzky/Speck-Hamdan 2005.

Zum kreativen Umgang mit dem Text: Hierzu wurden in den letzten Jahren vielfältige Möglichkeiten schulpraktisch entwickelt. Einige seien skizziert:

– Text ergänzen: Vorgeschichten und Fortsetzungen entwickeln, mögliche Gedanken und Gefühle der Personen in Gedankenblasen schreiben, zu Personen eine passende Biografie erfinden, den Text illustrieren, Briefe an die Personen schreiben ...

– Paralleltext schreiben: Geschichten, Gedichte, Sachtexte schreiben, die inhaltliche oder formale Elemente des vorliegenden Textes nutzen. Bei Geschichten z. B. neue Eulenspiegel- oder Pippi-Langstrumpf-Geschichten oder Geschichten mit anderen gerade aktuellen Protagonisten, neue Märchen, neue Episoden einer gerade aktuellen Fernsehserie; bei Gedichten z. B. bestimmte Gedichtformen für eigene Gedichte nutzen wie Rondell, Haiku, Avenidas ...

– Text in andere Medien umsetzen: Erzähltext als Comic zeichnen; Prosatext durch Zeilenbrechen, Kürzen, Umstellen zu einem Gedicht gestalten; Geschichte oder Erzählgedicht pantomimisch umsetzen, mit musikalischen Mitteln deuten, als szenisches Spiel entwickeln für Personenspiel, Puppenspiel, Schattenspiel, Kartontheater, Video; Sachtext für Quizfragen nutzen ...

– Gegentext schreiben: in die Geschichte eingreifen und an einer Stelle sie anders weitererzählen; die Rollen in Texten ändern: die tapferen Räuber in den Bremer Stadtmusikanten ...; eine neue Person in einen Text einfügen, z. B. Pippi Langstrumpf bei den Räubern – was entwickelt sich nun anders?; den Text aus der Sicht einer Figur oder Person erzählen, z. B. aus der Sicht eines Räubers ...

Viele schulpraktische Anregungen sind u. a. zu finden in: Schulz (1997) (2000), Spinner (2006).

7.4 Grammatik

Sprachreflexion oder, in der Formulierung der Bildungsstandards *Sprache und Sprachgebrauch untersuchen*, ist ein Bereich, der in allen Kompetenzbereichen als metasprachliche Ebene integriert ist:

– Beim Sprechen und Zuhören verständigen sich die Kinder und die Lehrkraft über ihr Verstehen, sie stellen Regeln auf, ermitteln Regelverstöße und begründen sie, sie formulieren gegebenenfalls neue; sie entwickeln Ideen und Strukturen für das Erzählen, sammeln Wörter in Wortfeldern, strukturieren sie ...
– Beim Schreiben untersuchen die Kinder Textentwürfe auf die Realisierung von Schreibhinweisen hin, sie ermitteln Verbesserungen, experimentieren bei Sätzen und Texten mit sprachlichen Proben wie Erweitern, Weglassen, Ersetzen, Umstellen; sie untersuchen Schreibweisen und ermitteln orthografische Regelungen ...
– Beim Lesen untersuchen die Kinder Textwirkungen, Textsorten, Testgestaltungen; sie denken über eigene Leseerfahrungen nach, probieren Ergänzungen und Änderungen von Texten aus ...

Diese metasprachliche Integration wurde bei den bisherigen Ausführungen berücksichtigt. Ein Arbeitsfeld aus diesem Bereich steht aber immer wieder isoliert im besonderen Blickpunkt der Lehrerinnen und Lehrer, was auch durch die eigene terminologische Übersicht in den Bildungsstandards, analog zu den Lehrplänen der Länder verstärkt wird: die Wort- und Satzgrammatik (zur Übersicht über die Begriffe siehe Kap. 3, S. 23). Es ist ein oft wenig geliebtes Arbeitsfeld und wird deshalb in der Regel kursorisch abgehandelt, eine Tendenz, die auch viele Sprachbücher durch Ausgliederung des Arbeitsfeldes unterstützen. Diese gesonderte Bearbeitung entspricht aber nicht den geltenden Lehrplänen, nicht den Bildungsstandards und nicht dem integrativen Kompetenzbegriff. Danach sind wort- und satzgrammatische Kenntnisse nicht als isoliertes linguistisches Wissen zu vermitteln. Vielmehr wird das grammatische Wissen im Zusammenspiel von Arbeitsweisen und Strategien erworben, die dem kompetenten Umgang mit der Sprache dienen. Diese Funktion setzt aber auch ein bestimmtes grammatikdidaktisches Konzept voraus. Dies soll im Folgenden mit Beispielen dargestellt werden.

Konzept und Beispiele wurden im Rahmen des Kunterbunt-Projekts entwickelt (Bartnitzky/Bunk o. J.).

Integrative Grammatikarbeit

Schulische Grammatik muss Kindern ermöglichen, mit konkreten sprachlichen Gegebenheiten zu experimentieren, zu operieren, um dabei etwas über die Geregeltheit und Besonderheit sprachlicher Äußerungen herauszubekommen. Dies kann nützlich für das eigene Sprachhandeln sein, weil z. B. erkannt wird, welche Wörter immer einen großen Anfangsbuchstaben haben, wie Verben in Vergangenheitsformen gebildet werden oder wie Sätze erweitert werden können. Dies ist aber auch von Nutzen, weil die Erhellung und Klärung von wichtigen Aspekten der Lebenswelt zum aufgeklärten und verantwortungsvollen Handeln in der Lebenswelt beitragen. Und ein zentraler Aspekt der Lebenswelt ist die Sprache.

Der Prozess, in dem eine grammatikalische Kategorie gewonnen und dann bewusst genutzt wird, lässt sich durch die Formel beschreiben: Vom Konkreten zum Kategorisieren; von Kategorien zum Konkreten. Sie wurde von Eisenberg und Menzel formuliert (1995).

Vom Konkreten zum Kategorisieren. **Von Kategorien zum Konkreten**	➢ eigenes sprachliches Handeln ➢ sprachbezogene Auffälligkeit ➢ operieren und nachdenken ➢ generalisierendes Sprachgefühl ➢ Begriffe gewinnen und ➢ als Arbeitssprache verwenden

Mit einem Beispiel sollen die Stichwörter im Kasten rechts erläutert werden: Beim Thema Schulweg beschreiben die Kinder, was sie unterwegs alles sehen (Stichwort: eigenes sprachliches Handeln). Dabei werden Nomen, ohne sie zunächst zu bezeichnen, in ein Wortfeld geschrieben: eine Kreuzung, ein Kiosk, mehrere Ampeln, ein Fußgängerüberweg, viele Menschen, viele Bäume ... Sprachlich auffällig ist, dass alle Wörter nach eine, mehrere, viele immer große Anfangsbuchstaben haben und dass man mit ihnen so etwas machen kann wie eine Ampel – viele Ampeln (Stichwort: sprachbezogene Auffälligkeit). Diese Operation: eine (oder ein) ... – viele ... wird auch mit anderen Wörtern ausprobiert. Sie passt nur bei bestimmten Wörtern, eben solchen, die vorne immer groß geschrieben werden. Ähnlich wird mit Wörtern zu anderen Unterrichtsthemen gearbeitet (Stichwort: operieren und nachdenken).

Durch solche Operationen und Strukturierungen wird ein generalisierendes Sprachgefühl für die Kategorie Nomen entwickelt und gestärkt. Der Begriff Nomen wird mit den Begriffen Einzahl und Mehrzahl eingeführt. Von nun an werden sie als Arbeitsbegriffe ständig verwendet.

Beim Thema Wetter zum Beispiel werden Wetterwörter gesammelt. Die Nomen werden gesondert geschrieben. Dabei entdecken die Kinder möglicherweise, dass es auch Nomen gibt, bei denen sie die Mehrzahl merkwürdig finden. Gibt es das: eine Hitze – viele Hitzen? Es wird im Wörterbuch nachgeschlagen. Tatsächlich gibt es die Mehrzahl in der Fachsprache. Aber verwendet wird sie im Alltag nicht. Was sagt man stattdessen, wenn es mehrere Tage immer wieder Hitze gibt? Viele Hitzetage? Aber wie ist es mit Regen oder Schnee? Die Lehrerin kann eine andere Operation einführen: die Ergänzung eines attributiven Adjektivs, z. B. toll, für heutige Kinder wohl eher das Wort krass: ein tolles oder krasses Gewitter – viele krasse Gewitter, ein krasser Regen – viele krasse Regen. Das letzte geht zwar, aber es gibt zu Regen keine Mehrzahl. Dafür: Regenschauer, Regenfälle, Regentage? Was bedeuten sie? Oder: ein Sonnenschein – viele Sonnenscheine? Nein, das gibt es nicht, aber ein toller (oder krasser) Sonnenschein, das kann gehen. Also ist Sonnenschein ein Nomen, für das es aber keine Mehrzahl gibt. Findige probieren: ein krasses schneien – geht doch, obwohl schneien ein Verb ist. Zur Probe eine Verbform: ein krasses schneite. Nein, das geht nicht. Aber, das war damit zu erfahren: Die Grundform von Verben kann auch zum Nomen werden.

Diese Skizze zeigte das Mögliche, nicht das Nötige. In vielen Klassen kann man es zunächst dabei belassen, die einfache Probe durchzuführen: eine Ampel – viele Ampeln, oder: eine tolle (eine krasse) Ampel. Kann man das sagen, dann ist damit bewiesen, dass Ampel ein Nomen ist.

Kompetenzbezogene Grammatikarbeit unterscheidet sich grundsätzlich von der statischen definitorischen Grammatikarbeit, die nach dem Muster definiert: Nomen sind Namen für Menschen, Tiere, Pflanzen und Dinge. Hier ist die Definition des Entscheidende und bleibt doch immer unbefriedigend, weil ständig neu und abstrakter definiert werden muss (Krankheit – Wörter mit -heit, Polizei – Sammelnamen, Glück – Allgemeinbegriffe …). Zudem ist die Definition oft irreführend. Z. B. sind Menschennamen eine andere Sorte von Namen als Pflanzennamen. Oma Ingrid ist der konkrete Mensch, Nico heißt ihr Hund. Aber sind Hund oder Tulpe Namen? Was für Kenner problemlos scheint, kann für das Verständnis der Kinder eine Barriere sein.

Beim kompetenzbezogenen Grammatikunterricht sind die Prozesse das Entscheidende: Prozesse des Abstrahierens (Kategorisieren, Finden der Kategorie, Verfeinern des Sprachgefühls) und des Konkretisierens (Experimentieren, Anwenden). Anders ausgedrückt: Das Entscheidende ist die Strategie, die für die Kinder Probe genannt werden kann. Will man herausbekommen, ob ein Wort ein Nomen ist, also vorne groß geschrieben wird, dann macht man die Nomenprobe:

eine Ampel – viele Ampeln oder: eine krasse Ampel – viele krasse Ampeln. Letztere Probe hat übrigens noch den Vorteil, dass damit eher der typische Fehler vermieden wird, das dem Begleiter folgende Wort groß zu schreiben: eine Schwarze katze. Vielmehr schärft die Probe mit einem Adjektiv das Verständnis für den direkten Zusammenhang von Begleitwort und Nomen.

Wortgrammatik

Nach dem Nomenbeispiel im vorigen Abschnitt werden auch Verb und Adjektiv aus eigenem sprachlichen Handeln gewonnen. Die folgenden Beispiele stehen hier wieder nur exemplarisch für die gemeinten Prozesse.

Verb: Schon in Klasse 1 werden wichtige Schreibwörter gesammelt. Bei den Verben werden auch Personalformen aufgenommen:

gehen   ich gehe, sie geht, wir sind gegangen
fernsehen   ich sehe fern, ich habe ferngesehen

Es geht dabei nicht um Vollständigkeit. Vielmehr werden fallweise die Verben und Verbformen auf ein Plakat geschrieben, die Kinder beim Schreiben brauchen, bzw. nach deren Schreibweise sie fragen.

Beim Thema Freizeit sammeln die Kinder, was sie, ihre Eltern, andere Leute machen, zum Beispiel: einkaufen, Hausaufgaben machen, fernsehen, Brote essen, Musik hören, faulenzen, am Computer spielen ... Die Lehrkraft unterstreicht die Verben in der Signalfarbe rot. Die Tätigkeiten werden auf Karten geschrieben, eine Partnergruppe zieht eine Karte und spielt als Ratepantomime vor. Die anderen Kinder raten und beschreiben, was die Partnergruppe gemacht hat.

In solchen Zusammenhängen finden die Kinder, dass es Wörter gibt, mit denen man so etwas machen kann wie: spielen, er (oder sie oder es) spielt. Damit ist die Verbprobe gewonnen. Bei Verben wie fernsehen oder wegfahren finden die Kinder heraus, wie der Baustein sich auch vom Verb trennt: er hält an, sie fährt weg. Bei der Arbeit mit der Wörtermaschine (siehe S. 104) festigt sich der Verbbegriff weiter.

Später, zumeist in Klasse 3, kann untersucht werden, wodurch man in Texten erfährt, dass sich etwas früher, also in der Vergangenheit ereignet hat, und wodurch man erfährt, dass sich etwas morgen, übermorgen, später, also in der Zukunft ereignet. Für die Vergangenheit ist immer das Verb mit zuständig, für die Zukunft meistens nicht. Sie wird oft nur durch ein Zukunftswort (Adverb) angezeigt: Morgen gehen wir ins Schwimmbad. Verbformen für die Vergangenheit werden bei Verben gesammelt, die Kinder in ihren Texten verwenden; sie werden ergänzt mit Verbformen, die Kinder in gedruckten Texten finden. Dabei finden sie heraus, dass es eine Vergangenheitsform mit einem Wort (sah, lief, küsste) und Formen mit zwei Wörtern gibt (hat gesehen, ist gelaufen, hatte geküsst). In gedruckten Texten wird meistens die kurze Form verwendet. Welche Form verwenden die Kinder in ihren eigenen Texten?

Adjektiv: Beim Unterrichtsthema Meine Sinne werden auch Sinnesstationen entwickelt. In einem zugedeckten Korb befinden sich verschiedene Gegenstände. Ein Kind greift hinein, erfasst einen Gegenstand und beschreibt ihn. Die anderen Kinder müssen raten. In solchem Unterricht werden unter anderem auch Adjektive verwendet. In sprachstarken Klassen wird man ein reiches Repertoire finden, das die Lehrkraft nur zu sammeln braucht, in sprachschwachen Klassen sollte die Lehrkraft wichtige Adjektive zur Beschreibung auch vorgeben, die dann verwendet werden. Graduell unterschiedlich raue, feuchte, kleine, große … Gegenstände werden miteinander verglichen. Bei solchen Arbeiten finden die Kinder Wendungen wie: das ist ein bisschen rau, das ist total rau, das ist voll rau, das ist rauer. Damit entwickelt sich die Probe für Adjektive: Adjektive sind Wörter, mit denen man so etwas machen kann wie rau, rauer oder rau, total rau.

Beim Thema: Geister und Gespenster erfinden die Kinder solche Geister: Luft-, Flaschen-, Wasser-, Schlossgeister. Sie denken sich einen bestimmten Geist aus, malen ihn und schreiben einen Steckbrief:

Welche Farbe er hat:
Wie er sich anfühlt:
Wie er aussieht:
Wie er ist:

Mit ihren ausgedachten Geistern werden Geschichten erfunden und illustriert. Um die Wortarten-Grammatik wiederum einzubinden in alles, was Kinder über Wörter wissen und welche Handlungen sie mit Wörtern durchführen können, kann auf jeder Klassenstufe ein Wörtersteckbrief mit den Kindern entwickelt werden. Die Kinder überlegen, was sie alles mit einem Wort machen können. Die ersten Möglichkeiten etwa um den Wechsel von Klasse 1 zu 2 können sein:
– in Druckschrift schreiben
– in Schreibschrift schreiben
– mit verschiedenen Farben schreiben
– Reimwörter finden
– in einem Satz verwenden.

Die Kinder nennen ihr Lieblingswort und füllen damit einen Wörtersteckbrief aus:

Wörtersteckbrief Mein Lieblingswort: _____	
Druckschrift	
Schreibschrift	
farbig	
Reimwörter	
ein Satz	

Im Laufe der nächsten Jahre kommen weitere Möglichkeiten hinzu, zum Beispiel:
- in Silben trennen
- ein Wortfeld damit bilden
- verwandte Wörter finden
- Reimwörter finden
- ein Gedicht mit den Reimwörtern machen
- Wortartenprobe durchführen
- Wortbedeutung schreiben
- in andere Sprachen übersetzen
- Fundstelle (besonders schönes Wort in einem Buch gefunden, von einem Menschen gesagt).

Hier ein Beispiel aus einer Klasse 4:

Wörtersteckbrief: *Schleckermaul*

Fundstelle	*Dafür entdeckte ihn Jens, der sich in der Bäckerei Brauseherzen und Gummibärchen kaufen wollte. Er war das größte Schleckermaul der Klasse. Aus: Peter Härtling: Ben liebt Anna, Seite 31*
Silben	*Schle-cker-maul*
Wortfeld	*Schleckermaul, Feinschmecker, schlecken, genießen, naschen, Naschkatze*
Wortbedeutung	*Ein Schleckermaul ist jemand, der bestimmte Sachen besonders Süßigkeiten in großen Mengen und immerzu essen will.*
Wortarten-Probe	*ein Schleckermaul, viele Schleckermäuler => Nomen*
verwandte Wörter	*schlecken, Schleckerei, Schleckeis, Leckerschmecker*
Reimwörter	*Schleckermaul, faul, Paul, Ackergaul*
Gedicht	*Paul ist beim Schleckern gar nicht faul. Er ist ein Schleckermaul.*
Mini-Geschichte	*Auf dem Tisch stand die Erdbeertorte mit ganz viel Sahne. Als Frau Müller in die Küche kam, saß ihre Katze mitten in der Torte, das Schnäuzchen ganz weiß von der Sahne. "Du bist ja vielleicht ein Schleckermaul!", rief Frau Müller. "Miau!", machte die Katze. Das hieß wohl: "Ja, das bin ich auch."*

Am rechten Rand wurde in der Buchstabenleiste der Buchstabe, mit dem das Wort beginnt, markiert. Alle Wörtersteckbriefe von Klasse 1 an werden in Ordnern mit alphabetischem Register gesammelt. So entwickelt sich ein eigenes besonderes Wörterbuch in der Klasse.

Satzgrammatik

Es gibt die verschiedensten Modelle dafür, nach welchen Regeln Sätze gebildet werden, wie verallgemeinerbare Strukturen von Sätzen beschrieben werden können. Das in Schulen traditionsreichste und auch heute noch oft leitende ist das Modell der lateinischen Grammatik mit der Definition des Satzes: Subjekt – Prädikat – Objekt. Dieses Modell entspricht aber nicht den Gegebenheiten der deutschen Sprache. Die suggerierte Reihenfolge trifft nicht zu, es gibt Sätze ohne Objekt aber mit Adverbialien (Ich komme morgen) usw.

In der deutschen Sprache steht das Verb im Zentrum des Satzes. Es bestimmt, welche Satzglieder dringend nötig sind und welche noch ergänzt werden können:
kommt – obligatorisch: wer? fakultativ: wohin? wann? mit wem? usw.
bringt – obligatorisch: wer? was? fakultativ: wem? wann? wo? warum? usw.

Wegen dieser zentralen Funktion des Verbs im Satz gibt die terminologische Liste in den Bildungsstandards zum Begriff Prädikat den linguistischen Alternativbegriff Satzkern an (siehe S. 23). Der Satzkern ist also der strukturelle Ausgangspunkt zu allen Ergänzungen, die mit seiner Hilfe erfragt werden können. In der möglichen Sprache der Kinder: Der Satzkern ist der Chef im Satz. Dies entspricht im übrigen linguistisch z. B. dem Modell der Dependenzgrammatik.

Alle Ergänzungen sind Satzglieder. Die Ergänzungsfrage bezeichnet die Ergänzungen: Wem-Ergänzung, Wo-Ergänzung, Womit-Ergänzung usw. Das Subjekt ist allerdings eine Ergänzung besonderer Art, denn es gehört meistens dazu und es bestimmt darüber, ob der Chef, also der Satzkern, eine Personalform in der Einzahl oder in der Mehrzahl bilden muss. Deshalb soll auch in der Grundschule zur Kategorie der „Wer-oder-was-Ergänzung" der Begriff Subjekt eingeführt und genutzt (siehe die terminologische Liste).

Einige Beispiele sollen Einführung und Umgang mit der Satzgrammatik verdeutlichen:

Die Kinder erkundeten die Geschäfte im Stadtteil und fanden heraus, dass die Verkäuferinnen und Verkäufer zum Teil spezieller heißen: Drogist, Floristin, die Busfahrerin usw. In einer Liste erfassten sie, was in den Geschäften am meisten verkauft wird. In einer Tabelle wurde das Recherchierte geordnet:

Wer?		Was?	Wo?
	verkauft		

Damit sind die Operationen der Ergänzung des Satzkerns deutlich: Wer? verkauft was? wo? ....

In einer 3. Klasse wurden Tom-und-Jerry-Comics gelesen. Das regte an, selber Verfolgungsgeschichten mit Katze und Maus zu erfinden. In Wortfeldern sammelten die Kinder Verben dazu, wie sich Katzen und wie sich Mäuse bewegen und verhalten. Die Verben wurden von der Lehrerin so in einem Satzkernfeld zusammengestellt, dass sich in der Abfolge eine Geschichte ergeben konnte. Die Kinder überlegten, welche Fragen mit den Satzkernen gestellt werden können und ergänzten sie. Am Ende war die folgende Satzbautafel erarbeitet:

Sätze wurden zu einer Geschichte gebildet. Da sie alle mit dem Subjekt anfangen, wurden sie umgestellt, so dass der Text besser klang.

Beim Thema Von Hexen und Zauberern wurde mit Hilfe einer Wortfeldsammlung diese Form der Satzbautafel erarbeitet:

▲	▪	●
wer?	zaubert hext übt schwebt erschreckt hilft zeigt kichert	wo ? wann? wen? was? wem? wie lange?

Als optisches Signal gelten für den Satzkern das Rechteck und die rote Farbe, für das Subjekt das Dreieck, für die anderen Ergänzungen das Oval. Damit sind dann auch abstrakte Satzbautafeln zu entwickeln, mit deren Hilfe die Kinder verschiedenste Satzstellungen ausprobieren können: Welche Anordnung der Satzglieder geht, welche geht nicht? Welche klingt gut, welche nicht?

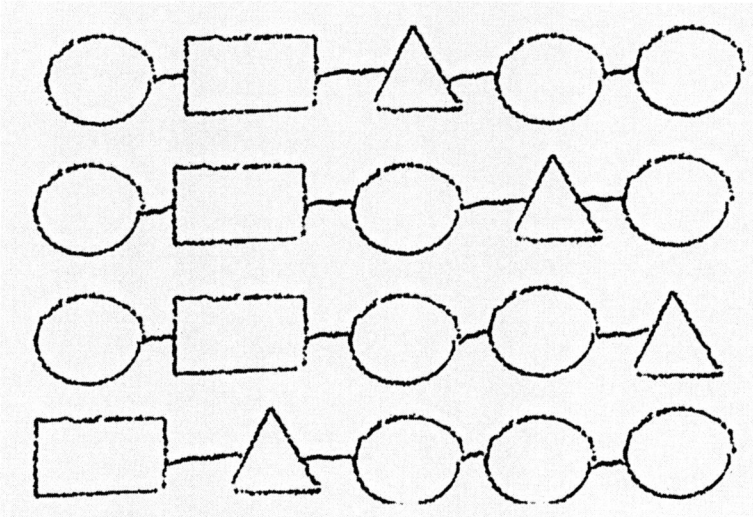

Bei Satzkernen, die im Satz zur Verbklammer führen, wird ebenso verfahren. Hier ein Beispiel mit Ich-Sätzen.

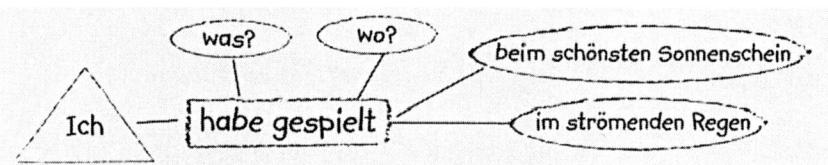

Eine Lösung in der Satzstellung kann sein:

Der Weg der Kinder führt also auch bei der Satzgrammatik vom konkreten Sprachgebrauch zum Kategorisieren: zum Beispiel von der Erkundung der Geschäfte zu verkauft-Sätzen, von gesammelten Verben zu Ergänzungsfragen, zu den Kategorien: Satzkern als Chef und Ergänzungen, von dort zu Satzstrukturen und wieder zurück in das konkrete Sprachhandeln.

Gegen Ende der Klasse 4 können die Kinder sich noch einmal vergewissern, was sie grammatikalisch nun können: Was können sie mit einer Kategorie machen? Welche Begriffe kennen sie? Wie schätzen sie ihr Lernen ein: leicht, schwierig, gerne, ungern?

Wörter, Sätze, Texte untersuchen	
Was kann ich mit einem Wort alles machen? Fachwörter? Wann, gelernt? Leicht, schwierig? Gerne, nicht gerne?	
Was kann ich mit einem Satz alles machen? Fachwörter? Wann, gelernt? Leicht, schwierig? Gerne, nicht gerne?	
Was kann ich mit einem Text alles machen? Fachwörter? Wann, gelernt? Leicht, schwierig? Gerne, nicht gerne?	

Ausführlich mit vielen Praxisbeispielen wird der Bereich Grammatik ausgeführt in: Bartnitzky (2007 b).

8. Literatur

Zitierte Literatur

Balhorn, Heiko/Bartnitzky, Horst/Büchner, Inge/Speck-Hamdan, Angelika (Hrsg.): Schatzkiste Sprache 1 – Von den Wegen der Kinder in die Schrift. Frankfurt/M.: Grundschulverband 1998

Bambach, Heide: Erfundene Geschichten erzählen es richtig. Lengwil: Libelle 1993

Bartnitzky, Horst/Bunk, Hans-Dieter (Hrg.): Kunterbunt Sprachbuch. Leipzig: Klett

Bartnitzky, Horst/Brügelmann, Hans/Hecker, Ulrich/ Schönknecht, Gudrun (Hrsg.): Pädagogische Leistungskultur: Materialien für Klasse 1 und 2. Frankfurt/M.: Grundschulverband 2005.

Dies.: Pädagogische Leistungskultur: Materialien für Klasse 3 und 4. Frankfurt/M.: Grundschulverband 2006

Bartnitzky, Horst/Speck-Hamdan, Angelika (Hrsg.): Deutsch als Zweitsprache lernen. Frankfurt a. M.: Grundschulverband 2005

Bartnitzky, Horst: VERA Deutsch 2004: Ungeeignet und bildungsfern. In: Grundschule aktuell 89/ 2005, S. 10ff. Siehe auch die Replik in Heft 90/2005

Bartnitzky, Horst: VERA Deutsch 2007: „Alles Geschmackssache"? – Nein, auch eine Frage der Qualität. In: Grundschule aktuell 99/ 2007, S. 4 ff.

Bartnitzky, Horst u. a. (Hrsg.): Lesekompetenz. Ein Lese- und Arbeitsbuch des Grundschulverbandes. Frankfurt a. M.: Grundschulverband 2006

Bartnitzky, Horst: Grammatikunterricht in der Grundschule. Berlin: Cornelsen Scriptor 2007 b, 2. Aufl.

Bartnitzky, Horst: Lesekompetenz – was ist das und wie fördert man sie? In: Bartnitzky, Horst u. a. (Hrsg.) 2006

Bartnitzky, Horst: Sprachunterricht heute. Scriptor Cornelsen: Berlin, 12. Auflage 2007 a

Bartnitzky, Horst: Welche Schreibschrift passt am besten zum Grundschulunterricht heute? In: Grundschule aktuell 91, 2005, S. 3–12

Bartnitzky, Horst: Wie VERA und Verwandtes die Bildungsqualität beschädigen. In: Die Deutsche Schule 2, 2006, S. 201–213

Bayerisches Staatsministerium für Unterricht und Kultus: Lehrplan für die bayerische Grundschule, Fachlehrplan Deutsch 2000

Benholz, Claudia u. a.: Bedingungen des Textverstehens – Stolpersteine und Fördermöglichkeiten. In: Bartnitzky, Horst/Speck-Hamdan, Angelika (Hrsg.): 2005, S. 242–258

Bertschi-Kaufmann, Andrea (Hrsg.): Bücher öffnen Welten – Lesen und Schreiben im offenen Unterricht. Zürich: sabe 1998

Bos, Wilfried u. a. (Hrsg.): Erste Ergebnisse aus IGLU. Schülerleistungen am Ende der vierten Jahrgangsstufe im internationalen Vergleich. Waxmann: Münster/New York/München/Berlin o. J. 2003

Böttcher, Ingrid (Hrsg.): Kreatives Schreiben. Berlin: Cornelsen Scriptor 1999

Böttcher, Ingrid/Becker-Mrotzek, Michael: Texte bearbeiten, bewerten und benoten. Berlin: Cornelsen Scriptor 2006

Brügelmann, Hans/Brinkmann, Erika: Die Schrift erfinden. Lengwil: Libelle 1996

Brügelmann, Hans: Schule verstehen und gestalten. Konstanz: Libelle 2005

Claussen, Claus: Mit Kindern Geschichten erzählen. Berlin: Cornelsen Scriptor 2006

Dehn, Mechthild: Zeit für die Schrift I – Lesen lernen und Schreiben können. Berlin: Cornelsen Scriptor 2006

Dehn, Mechthild/Hüttis-Graff, Petra: Zeit für die Schrift II – Beobachtung und Diagnose. Berlin: Cornelsen Scriptor 2006

Deutsches PISA-Konsortium (Hrsg.): PISA 2000. Basiskompetenzen von Schülerinnen und Schülern im internationalen Vergleich. Opladen: Leske und Büderich 2001

Eisenberg, Peter/Menzel, Wolfgang: Grammatik-Werkstatt. In: Grammatik – Praxis und Hintergründe. Sonderheft Praxis Deutsch. Seelze: Friedrich 1995

Hintz, Ingrid: Das Lesetagebuch. Baltmannsweiler: Schneider 2005

Knobloch, Jörg: Das Geheimnis der Lesekiste 1. Lichtenau: AOL Verlag 2002

Knobloch, Jörg: Tag des Buches, Lesenacht – Anregungen für ein ganzes Lesejahr. Lichtenau: AOL Verlag 2005

Kultusministerkonferenz: Bildungsstandards der Kultusministerkonferenz. Erläuterungen zur Konzeption und Entwicklung. Luchterhand: München, Neuwied 2005 a

Kultusministerkonferenz: Bildungsstandards im Fach Deutsch für den Primarbereich (Jahrgangsstufe 4). Luchterhand: München, Neuwied 2005 b

Kultusministerkonferenz: Kultusministerkonferenz beschließt konkrete Maßnahmen zur Verbesserung der schulischen Bildung in Deutschland – Erste Konsequenzen aus den Ergebnissen der PISA-Studie. Dezember 2001 (*www.kultusministerkonferenz.de*)

Leßmann, Beate: Schreiben und Rechtschreiben. Heinsberg: Dieck 1998

Ministerium für Bildung, Frauen und Jugend Rheinland-Pfalz: Rahmenplan Grundschule, Teilrahmenplan Deutsch 2005

Ministerium für Bildung, Jugend und Sport Brandenburg u. a.: Rahmenplan Grundschule Deutsch 2004

Ministerium für Kultus, Jugend, Sport Baden-Württemberg: Bildungsplan Grundschule 2004

Ministerium für Schule, und Weiterbildung des Landes Nordrhein-Westfalen: Lehrplan Deutsch Grundschule 2008

Niedersächsisches Kultusministerium: Kerncurriculum für die Grundschule Deutsch 2004

Potthoff, Ulrike/Steck-Lüschow, Angelika/Zitzke, Elke: Gespräche mit Kindern. Berlin: Cornelsen Scriptor 2008

Roth, Heinrich: Pädagogische Anthropologie Band II Entwicklung und Erziehung. Hannover: Hermann Schroedel 1971

Schulz, Gudrun: Geschichten lesen, erzählen, schreiben, gestalten. Berlin: Cornelsen Scriptor 2000

Schulz, Gudrun: Umgang mit Gedichten. Berlin: Cornelsen Scriptor 1997

Spinner, H. Kaspar (Hrsg.): Lesekompetenz erwerben, Literatur erfahren. Berlin: Cornelsen Scriptor 2006

Spitta, Gudrun: Freies Schreiben – eigene Wege gehen. Lengwil: Libelle 1998

Spitta, Gudrun: Schreibkonferenzen in Klasse 3 und 4. Berlin: Cornelsen Scriptor, zuerst 1992

Valtin, Renate (Hrsg.): Rechtschreiben lernen. Frankfurt a. M.: Grundschulverband 2000

VERA: Deutsch Aufgabenheft 2005

VERA: Deutsch Aufgabenheft 2006

VERA: Deutsch Aufgabenheft Leseverständnis 2007a

VERA: Deutsch Aufgabenheft Schreiben 2007b

VERA: Korrekturanweisungen Deutsch VERA 2007c

Weinert, Franz E. (Hrg.): Leistungsmessungen in Schulen. Beltz: Weinheim und Basel. 2001

Literatur 141

Links

www.ajum.de Die Arbeitsgemeinschaft Jugendliteratur und Medien in der Gewerkschaft Erziehung und Wissenschaft sichtet Kinder- und Jugendbücher für den Schulgebrauch. In der Datenbank sind Bücher über Schlagwörter aufzufinden.

www.antolin.de Dies ist ein Buchportal für Kinder. Kinder wählen ihre Lieblingsbücher und beantworten nach dem Lesen Fragen zum Inhalt. Dazu erhalten sie eine Rückmeldung. Man muss sich zuvor registrieren lassen.

www.bildungsserver.de Die Lehrpläne der Bundesländer können heruntergeladen werden (Suchbegriff z. B. Lehrplan Grundschule)

www.kultusministerkonferenz.de Hier befinden sich neben vielfältigen Informationen zu Maßnahmen der KMK auch die Bildungsstandards zum Herunterladen (Überblick. Bildungsstandards)

www.lesekiste.lesefoerderung.de

www.lesenacht.de

www.lesestest1-4.de Ein einfacher standardisierter Lesetest, der Stolperwörter-Lesetest, von Wilfried Metze ist hier herunterzuladen. Der Autor bittet dabei um Mitarbeit, d. h. Rückmeldung.

www.peter-may.de Peter May ist Autor der Hamburger Schreibprobe (HSP) und der Leseprobe (HLT), beides sind einfache standardisierte Tests für alle Klassenstufen.

www.seitenstark.de Die verschiedenen Kinderseiten sind angegeben und können von hier direkt aufgerufen werden, z. B.

www.stiftunglesen.de Regelmäßig werden neue Kinderbücher für verschiedene Altersgruppen und Leseinteressen vorgestellt.

www.uni-landau/vera.de Die Deutschtests der vergangenen Jahren können eingesehen und heruntergeladen werden.

Fachkompendien

Balhorn, Heiko/Bartnitzky, Horst/Büchner, Inge/ Speck-Hamdan, Angelika: Schatzkiste Sprache 1. Von den Wegen der Kinder in die Schrift. Frankfurt a. M.: Grundschulverband 1998

Für die Klassen 1 und 2 finden sich von zahlreichen Autorinnen und Autoren grundsätzliche und für die Praxis beispielhafte Beiträge, wie die Wege der Kinder in die Schrift gefördert und begleitet werden können.

Balhorn, Heiko/Bartnitzky, Horst/Büchner, Inge/ Speck-Hamdan, Angelika: Sprachliches Handeln in der Grundschule. Schatzkiste Sprache 2. Frankfurt a. M.: Grundschulverband 2002

Was mit der Schatzkiste Sprache 1 begonnen wurde, wird hier fortgesetzt, beginnend mit Klasse 3.

Bartnitzky, Horst: Sprachunterricht heute. Berlin: Cornelsen Scriptor 2007

Dieses Kompendium der aktuellen Sprachdidaktik liegt inzwischen in der 12. aktualisierten Auflage vor. Zu allen Bereichen der Deutschdidaktik wird mit historischem Rückblick und Einordnung der aktuellen Diskussionen das Konzept eines handlungsorientierten und integrativen Deutschunterrichts entwickelt.

Bartnitzky, Horst/Brügelmann, Hans/Hecker, Ulrich/ Schönknecht, Gudrun: Pädagogische Leistungskultur – Materialien für die Klasse 1 und 2. Frankfurt a. M.: Grundschulverband 2005

Diese Materialien bestehen aus 5 Heften und einer CD mit Kopiervorlagen und Power-Point-Präsentationen. Anliegen ist ein erweiterter Diagnosebegriff, der Leistungen der Kinder entwickelt, feststellt, würdigt und neue Lernwege mit den Kindern eröffnet. Ein Heft ist dem Deutschunterricht in den Eingangsklassen gewidmet.

Bartnitzky, Horst/Brügelmann, Hans/Hecker, Ulrich/ Schönknecht, Gudrun: Pädagogische Leistungskultur – Materialien für die Klasse 3 und 4. Frankfurt a. M.: Grundschulverband 2006

Die Materialien entwickeln für die Klassen 3 und 4 weiter, was mit dem vorigen Material für 1 und 2 begonnen wurde. Wieder ist eines der 5 Hefte dem Deutschunterricht gewidmet.